W0411320

südwest

Ulrich Pramann | Bernd Schäufle

Nordic Walking für Einsteiger

DER NÜTZLICHE BEGLEITER FÜR DAS GANZE JAHR

> Richtige Ausrüstung > Optimale Ernährung
> Hilfreiche Motivationstipps

Inhalt

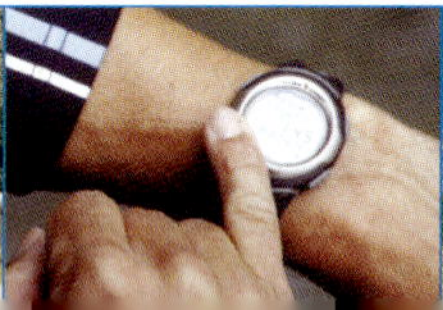

01. Der Spaß, am Stock zu gehen

Nordic Walking ist geradezu maßgeschneidert für die Ansprüche des 21. Jahrhunderts. Das Training kostet wenig Überwindung, Sie überfordern sich nicht, spüren eine angenehme Anstrengung. Und vor allem: Nordic Walking ist außerordentlich effektiv – von dieser Bewegungsform profitieren Körper und Seele gleichermaßen.

Der leichte Einstieg in ein bewegtes Leben

Was hatte sie nicht alles versucht, um wieder in Form zu kommen. Anfangs wehrte sich Doris Füllgrabe aus Sieber im Harz durch Gymnastik und Aerobic gegen zunehmende Leibesfülle. Aber eine Stunde Gruppentraining pro Woche – das war einfach zu wenig. Und solo daheim zu trainieren, schaffte sie irgendwie nicht. Mehrfach nahm sie Anlauf, den Pfunden davonzulaufen. Aber diese Überwindung. Jogging ist gerade für üppige Anfänger besonders mühsam und frustrierend. Und die Alternative Walking fand sie ziemlich öde. Spätestens nach zwei Wochen schliefen ihre sportiven Bemühungen wieder ein. Bis sie sich vor ein paar Monaten einer neuen Nordic-Walking-Gruppe anschloss:

Sechs Gleichgesinnte, die sich dreimal wöchentlich zum Training treffen. Jetzt ist es für Doris Füllgrabe nicht mehr schwer, bei der Stange zu bleiben. Sie schwärmt: »Es fällt mir so leicht, morgens in die Gänge zu kommen.« Und deutlich leichter ist die 57-Jährige inzwischen auch – sieben Kilo sind schon runter.

Der Lohn der Überwindung

Wie oft hatte er sich vorgenommen, wieder mehr Bewegung in sein Leben zu bringen. Früher spielte er leidenschaftlich Eishockey und Tennis. Doch zuletzt fand Lothar Weinhart, der in Aitrang im Allgäu ein Autohaus führt, keinen passenden Sport für seine knapp bemessene Freizeit. Golf stellte sich als zu aufwändig heraus, Laufen erwies sich als Gift für seine Gelenke. Schließlich nahmen wir ihn zum Nordic Walking mit. Die anfängliche Skepsis (»Ist das denn wirklich was für Männer wie mich«) war schnell überwunden. Nun ist der 44-Jährige regelmäßig unterwegs – und schätzt vor allem die Effektivität des Trainings: »Braucht wenig Zeitaufwand, bringt echt Kondition und lüftet gut den Kopf durch.«

Selbst kleine Schritte, die man geht, sind besser als große, die man nur plant.

Was hatte sie für Bedenken, vor allem wegen der Optik. Die Hamburger Journalistin Marie Tietze betrachtete Nordic Walker eher als »Teletubbies im Manöver« und ihr komisches Tun als »Alibisport«. Doch dann wollte sie es genauer wissen: Was ist dran an diesem Megatrend? Sie machte einen Kurs mit. Schon nach einer Viertelstunde staunte sie über Rückmeldungen des Körpers, sie spürte deutliche Anzeichen von Anstrengung, die sie aber als angenehm empfand: Die Arme belastet, ein leichtes Ziehen in Brust und Po, und dass sie jetzt aufrechter ging. Nach der ersten Schnupperstunde waren Vorurteile und »optische Bedenken« der kritischen Einsteigerin verflogen: »Das Ganze fängt an, richtig Spaß zu machen.«

Keine große Überwindung, die nötig ist; keine Überforderung, die droht; ein sehr effektiver Schlankmacher; eine Bewegungsform, von der Körper und Seele profitieren und die wirklich Spaß macht – Nordic Walking scheint geradezu maßgeschneidert für die Ansprüche des 21. Jahrhunderts.

»Die Fitness-Revolution«

»Jetzt läuft nichts mehr ohne Stöcke«, frohlockte *Brigitte*. Die Fitness-Revolution«, »das Bewegungsprogramm der Zukunft«, »die schonendste Art, fit zu bleiben« (*Fit for Fun*), »die beliebteste Wellnesssportart« (*Focus*) – in solchen Schlagzeilen schlägt sich allerseits die Begeisterung nieder. Nordic Walking setzt sich als Massenbewegung viel schneller durch, als die kühnsten Optimisten erwartet hatten. Ältere Damen und junge Mütter, Senioren und Übergewichtige, Sporteinsteiger, Wiedereinsteiger und Umsteiger – alle finden Freude an dieser neuen Bewegung. Mittlerweile setzen sogar Leistungssportler (Marathonläufer, Fußballspieler) auf Nordic Walking. Erstens bietet diese sanfte Bewegungsform einen nützlichen Ausgleich zum harten Trainingsalltag, und zweitens lässt sich auf diese Weise ganz nebenbei und ganz spielerisch die Koordination schulen.

Die rhythmische, angenehme Bewegungsart Nordic Walking, die leicht zu lernen ist, entwickelt sich vom Trendsport zum Breitensport. Mehr noch: zur Massenbewegung.

Wer rastet, der rostet

Wie gut. Denn der Krankmacher Nr. 1 hat einen hässlichen Namen: Hypokinese – Bewegungsmangel. Die fatalen Folgen: Herzinfarkt und Haltungsschäden, Arthrose und Osteoporose, chronische Müdigkeit, Schlafstörungen oder Bluthochdruck.

Der Mensch ist nicht dazu geschaffen, nichts zu tun. Eine leistungsfähige Muskulatur benötigt beispielsweise eine isometrische, aktive Grundspannung. Die wird nicht dadurch erreicht, dass wir nur sitzen – sondern erst, wenn wir uns bewegen. Erst dann erhält der menschliche Organismus – auch unser Gehirn – ganz andere Durchblutungsbefehle; der gesamte Apparat wird aktiviert, Schlacken werden abtransportiert, die Sauerstoffversorgung verbessert, der Endorphinstoffwechsel wird gesteigert.

Bewegungsfreude und Naturerlebnis pur!

Ohne hinreichend Bewegung gerät das Herz, unser unermüdlicher Muskel und Motor des Lebens, in Sauerstoffnot. Wenn Muskeln inaktiv sind, wird auch die Empfindlichkeit der Rezeptoren (Andockstellen) für Insulin in der Skelettmuskulatur reduziert. Dadurch muss die Insulinproduktion erhöht werden. Folge: Der Insulinspiegel im Blut steigt. Dies wiederum erhöht die Gefahr für Arteriosklerose. Für Wissenschaftler besteht sogar ein fataler Zusammenhang zwischen depressiven Zuständen und einer ungenügenden Stimulation des Gehirns. Bewegungsmangel beschleunigt den Alterungsprozess im Gehirn und im Nervensystem.

Nordic Walking sorgt für gutes Körpergefühl

Regelmäßige Bewegung durch Nordic Walking wirkt Wunder. Bewegung hilft, ein Gefühl für den eigenen Körper zu entwickeln, die Balance zwischen Körper und Seele zu finden – und sorgt schließlich für neue Lebensfreude.

Nordic Walking ist, was Bewegungsart und Trainingseffekte betrifft, mit Skilanglauf zu vergleichen, dem gesündesten Sport überhaupt. Allerdings ist Nordic Walking überall und jederzeit möglich. Beim Nordic Walking werden fast 90 Prozent der Körpermuskulatur trainiert, während bei anderen Sportarten (z. B. Radfahren) häufig die Arm- und Rumpfmuskulatur zu kurz kommt.

Durch den großen Anteil der trainierenden Muskeln wird auch die Herzfrequenz angehoben, ein energischer Einsatz der Stöcke sorgt dafür, dass der Kalorienverbrauch um bis zu 46 Prozent steigt – ermittelte das Cooper-Institute in Dallas, Texas.

Nordic Walking will gelernt sein

»Nordic Walking eignet sich sowohl als Einstiegsaktivität für Menschen, die über längere Zeit keinen Sport betrieben haben, als auch für Sportler, die gezielt ihre Fitness noch weiter verbessern wollen«, sagt Dr. Dieter Lagerstrom vom Institut für Kreislaufforschung und Sportmedizin an der Deutschen Sporthochschule Köln. »Regelmäßiges Training erhöht das körperliche und seelische Wohlbefinden, die körperliche und geistige Leistungsfähigkeit.«

Allerdings: Auch Nordic Walking will gelernt sein. Man sieht immer wieder ambitionierte Anfänger, die Nordic Walking leider nicht ganz richtig betreiben. Sie staken zwar forsch los, aber sie umklammern ihre Stöcke wie Regenschirme, stechen sie – ähnlich wie die Wandersleut' – senkrecht vor dem Körper in den Boden, sie schwingen die Arme wenig beherzt hin und her – vielfach tragen sie ihre Stöcke nur spazieren.
Seine positive Wirkungen entfaltet Nordic Walking nur, wenn die Technik des Grundschritts (ab Seite 28) richtig beherrscht und dynamisch ausgeführt wird.

Lieber auf völlig neuen Wegen stolpern, als immer nur auf der Stelle treten.

Die sanfte Bewegungsform

»Nordic Walking kommt der perfekten Übung am nächsten«, titelten US-Wissenschaftler ihre Studie in *Sports Medicine*:

Weil, anders als beim Jogging, die Flugphase fehlt und noch dazu ein großer Teil der Belastung auf die Stöcke übertragen werden kann, schont Nordic Walking auch die Gelenke. Daher ist diese Bewegungsform auch für Personen mit Übergewicht und orthopädischen Problemen (Knie-, Hüft- oder Rückenbeschwerden) gut geeignet. Abgeschwächte Muskeln werden gekräftigt, verspannte Nackenmuskulatur durch die rhythmische Bewegung gelöst. Nordic Walking ist für viele Menschen eine neue Chance, mehr über ihren Körper zu erfahren und einen leichten Einstieg in ein gesundes Leben zu finden.

Die Vorteile von Nordic Walking auf einen Blick

> Nordic Walking ist sehr leicht und schnell erlernbar, weil die Bewegungsform natürlich ist.

> Nordic Walking ist von Gelände und Wetter unabhängig und somit das ganze Jahr über durchführbar.

> Nordic Walking ist in jeder Jahreszeit möglich. Die Kosten und der Zeitaufwand sind vergleichsweise gering.

> Nordic Walking ist eine sehr gut regulierbare körperliche Betätigung. Die Intensität kann individuell erhöht oder reduziert werden. Und zwar durch die Geschwindigkeit (schnell/langsam), die Geländewahl (steil/flach), die Stärke des Stockeinsatzes (mehr/weniger Druck auf den Stock bringen) und durch spezielle Schritt- und Sprungübungen (Gehen, Traben, Jogging, Springen, Hopserlauf, Kräftigungsübungen).

> Nordic Walking vermittelt ein sicheres Laufgefühl sogar auf einem unebenen Boden und bietet dadurch auch für ältere Leute eine sichere Bewegungsmöglichkeit.

> Viele Kräftigungs- und Dehnungsübungen mit den Stöcken, Sprung-, Schrittübungen und Spiele machen das Training abwechslungsreich und vielseitig. Mit Partner bieten sich auch Übungen an, die sonst nur im Fitnesscenter möglich sind.

Nordic Walking – 10 positive Effekte für die Gesundheit

Nordic Walking macht Körper und Seele rundum fit: Herz-Kreislauf-Leistung, der Muskelapparat, der gesamte Organismus werden gestärkt, die aerobe Ausdauer wird trainiert. Regelmäßiges Nordic Walking wirkt sich günstig auf den Cholesterinspiegel und den Blutdruck aus. Mehr noch:

1. Nordic Walking lässt Pfunde purzeln

Nordic Walking ist die ideale Methode zur Gewichtsreduzierung; durch die koordinierte Bewegung werden rund 90 Prozent unserer Muskeln (vor allem auch der Oberkörpermuskulatur) beansprucht und der Stoffwechsel stimuliert – was für eine schnellere Fett- und Kalorienverbrennung sorgt. Diese erhöhte Fettverbrennung macht Nordic Walking für alle interessant, die spielerisch abnehmen wollen.

Nichts ändert sich, wenn ich mich nicht verändere. Alles ändert sich, wenn ich mich verändere.

2. Nordic Walking verbessert das Wohlbefinden

Nordic Walking ist ein ganz natürlicher und gesunder Weg, um Stress abzubauen. Das allgemeine Wohlbefinden, Selbstbewusstsein und Körpergefühl nehmen zu. Außerdem sorgt Nordic Walking für einen gesunden und erholsamen Schlaf.

3. Nordic Walking stabilisiert das Immunsystem

Der Körper wird durch die regelmäßige Bewegung an der frischen Luft weniger anfällig für Infektionskrankheiten.

4. Nordic Walking verbessert die Sauerstoffversorgung

Die Lunge lernt, größere Mengen Luft aufzunehmen, und transportiert mehr Sauerstoff in den Körper. Dabei gelangt der Sauerstoff aus den Lungenbläschen in die Blutkapillaren, während gleichzeitig das Kohlendioxid aus den Kapillaren in die Lungenbläschen übertritt und ausgeatmet wird. Tiefere Atemzüge sorgen also auch für eine stärkere Belüftung der Lungenbläschen. Das wirkt sich indirekt auf die roten Blutkörperchen aus, die den Sauerstoff im Blut transportieren. Deren Anzahl steigt mit der Trainingsdauer. Davon profitieren die Organe und das Gewebe – alles wird besser mit Sauerstoff versorgt.

5. Nordic Walking entlastet die Gelenke

Bei jedem Laufschritt, beim Aufsetzen des Fußes auf dem Boden, werden Hüft-, Knie- und Sprunggelenke mit Kräften belastet, die ungefähr das 3,5 bis 5fache des Körpergewichts ausmachen können. Beim Walking entspricht dieser Faktor 1,8. Beim Nordic Walking ist die Belastung für die Gelenke besonders gering.

Nordic Walking schmiert die Gelenke besser

Durch moderate Bewegung wird vermehrt Gelenkschmiere (die so genannte Synovia) gebildet. Diese Gelenkschmiere ist besonders wichtig für die Ernährung des Knorpels und für das reibungslose Gleiten der Gelenkflächen aufeinander. Um der Entstehung von Arthrose vorzubeugen, ist außerdem eine gute Muskulatur wichtig. Muskeln und Bänder stützen ein Gelenk und verhindern unnötige Stöße und Kleinstverletzungen am Knorpel. »Zwischen dem 20. und 70. Lebensjahr verliert ein untrainierter Erwachsener bis zu 40 Prozent seiner Muskelmasse«, warnt Dr. Klaus Steinbach von der Deutschen Gesellschaft für Sportmedizin und Prävention. Regelmäßige sportliche Aktivität durch Nordic Walking sorgt für stabile Gelenke und Knochen – sie sind das A und O, um Arthrose zu begegnen.

Durch den unterstützenden Stockeinsatz wird die Belastung auf die Gelenkknorpel, den bindegewebigen Bandapparat und die Knochen der unteren Extremitäten um die Hälfte reduziert.

6. Nordic Walking stärkt den Rücken

Nordic Walking löst Muskelverspannungen im Schulter- und Nackenbereich und beugt Rückenschmerzen vor. Besonders Menschen, die viel Büroarbeit verrichten, profitieren von dieser Sportart. Beim Nordic Walking wird der Bewegungsapparat um bis zu 30 Prozent entlastet. Ergebnisse einer großen finnischen Studie belegen, dass jeder Zweite mit Wirbelsäulenproblemen nach regelmäßigem Nordic-Walking-Training schmerzfrei war.

7. Nordic Walking hilft gegen Verspannungen

Das Training wirkt wie eine natürliche, sanfte Mobilisation. Das fördert die Beweglichkeit des Oberkörpers, vor allem auch die seitliche Mobilität der im Alltag vernachlässigten Nackenpartie und Wirbelsäule.

8. Nordic Walking hält jung

Regelmäßiges Training hemmt auf natürliche Weise den Alterungsprozess. Durch die Beanspruchung und Stärkung von Knochen und Gelenken bleibt auch die Beweglichkeit länger erhalten.

Welche dieser zehn Aspekte motivieren mich am meisten?

9. Nordic Walking ist ein idealer Reha-Sport

Nordic Walking ist die am besten geeignete Outdoorsportart zur Rehabilitation nach Sportverletzungen.

10. Nordic Walking macht Lust

Regelmäßiges Training kann sogar den sexuellen Appetit und die Liebesfähigkeit steigern.

02. Die Ausrüstung

Nordic Walking ist ein ungewöhnlich preiswerter Spaß. Die Anschaffungskosten sind vergleichsweise gering. Denn im Prinzip braucht es nicht viel, damit Sie jederzeit und überall das Training ausüben können: ein paar Schuhe, bequeme Funktionsbekleidung und zwei spezielle Nordic-Walking-Stöcke.

Die Stöcke sind das wichtigste Handwerkszeug

An den Stöcken sollten Sie nicht sparen. Denn sie müssen den ganz besonderen Anforderungen gerecht werden: Sie sollen möglichst leicht sein und gleichzeitig über optimale Schwingungseigenschaften verfügen. Und natürlich sollten die Stöcke auch stabil sein; schließlich werden sie bei Aufwärmübungen, fürs Dehnen und Kräftigen eingesetzt – und wenn es hart auf hart kommt, sogar als Verteidigungsinstrument gegen Hunde.

Nordic-Walking-Stöcke unterscheiden sich von Ski-, Trekking- oder Wanderstöcken. Sie sind in der Regel einteilig und werden aus Aluminium oder aus Carbon bzw. einer Carbon/Glasfasermischung gefertigt, um den vielfältigen Belastungen an das Material (Zug, Druck) gerecht zu werden. Die Stöcke sollen führen, stützen und dämpfen. Das Material muss den individuellen Anforderungen an das Nordic-Walking-Training gerecht werden. Ein 100-Kilo-Mann braucht einen stabilen Carbonstock, während eine leichte Person auch mit weicherem Material (Carbon/Glasfasermischung) ein tolles Trainingsprogramm absolvieren kann. Es gibt aber auch zweiteilige, in der Länge verstellbare Stöcke – so genannte Teleskopstöcke. Mehrere Hersteller bieten auf dem wachsenden Markt eine Vielzahl von Nordic-Walking-Stöcken.

Das wahre Geheimnis des Erfolgs ist die Begeisterung.
Walter Chrysler

Was kosten gute Stöcke?

Einsteigermodelle gibt es schon ab rund 50 Euro. Ein Paar Stöcke mit besserem Griff und »Asphalt-Pads« kosten rund 70 Euro. Extrem leichte Spitzenmodelle (aus Carbon, mit Korkgriff) können auch über 100 Euro kosten.

Welches Material ist besonders empfehlenswert?

Die Wahl der Stöcke ist immer auch Gefühlssache. Am besten, Sie probieren im Fachhandel mehrere Modelle aus und lassen sich von einem gut geschulten Fachverkäufer beraten. Berücksichtigen Sie bei der Kaufentscheidung auch Ihre Trainingsziele, das Gelände und den Untergrund beim Training.

Die Stockspitzen

Einfache Stöcke haben Aluminiumspitzen, die sich schnell abnutzen. Höherwertige Modelle haben Spitzen aus gehärtetem Stahl, deren Lebensdauer deutlich höher ist. Trotzdem sollte die Spitze austauschbar sein. Die Metallspitze sollte leicht abgeschrägt sein, damit sie beim Abstoß verbesserten Halt gibt und ein Abrutschen verhindert wird. Für das Gehen auf Asphalt wer-

Material	Die Vorteile	Geeignet für
Carbon	Extrem leicht Hohe Festigkeit für sehr sportlichen Einsatz Geringe Vibration Gelenkschonend	Fortgeschrittene, kräftige Sportler
Carbon/ Glasfaser	Geringes Gewicht Weicheres Schwingungsverhalten Gelenkschonend Günstigerer Preis	Breiten- und Gesundheitssportler
Aluminium	Preiswert Weicheres Schwingungsverhalten	Preisbewusste Einsteiger, Breiten- und Gesundheitssportler

den immer Gummiaufsätze (»Pads«) mitgeliefert, die auf hartem Untergrund den Stoß dämpfen und den Grip verbessern. Außerdem wird das lästige Geräusch (»Klack, klack, klack«) beim rhythmischen Aufprall auf Asphalt abgemildert.

Der Stockgriff

Der Stockgriff sollte ergonomisch geformt sein, um sich der Hand gut anzupassen. Das Material sollte aus griffigen, schweißhemmenden bzw. schweißabsorbierenden Materialien (Kork, spezielle Kunststoffe) sein und über eine ausreichende Dicke verfügen, denn ein rutschiger, glitschiger Griff ist unangenehm zu halten und muss auch mit erhöhtem Kraftaufwand fixiert werden, damit die Hände nicht abrutschen.

Die Stockschlaufen

Für die Bequemlichkeit sind die Handschlaufen entscheidend. Sie sollten aus stabilem, aber weichem Material gearbeitet und angenehm breit sein, um die Kraftübertragung auf die Stockspitzen komfortabel zu gewährleisten. Die Hersteller haben spezielle Handschlaufen entwickelt, die ein exaktes Führen erlauben und bei denen auch eine stundenlange Benutzung ermüdungsfrei möglich ist. Lassen Sie sich im Fachhandel die unterschiedlichen Systeme der Hersteller demonstrieren und entscheiden Sie sich für das System, mit dem Sie am besten zurechtkommen.

Stockmaß: Der Winkel der Arme sollte über 90° sein.

Die optimale Stocklänge

Eine der Gesetzmäßigkeiten beim Nordic Walking lautet: Je länger der Stock Bodenkontakt hat, desto effektiver sind der Trainingsreiz und der Kalorienverbrauch. Nur mit der richtigen Stocklänge ist eine gute Technik – also auch maximaler Nutzen möglich. Alle Hersteller bieten Nordic-Walking-Stöcke in den Längen von 100 bis 140 Zentimeter an, jeweils in Fünf-Zentimeter-Abstufungen. Die individuell richtige Stocklänge hängt von der persönlichen Anatomie (Rumpf-, Arm- und Beinlänge) ab.

Unter Fachleuten gibt es immer wieder Streit darüber, mit welchem Faktor (0,7?, 0,72?) die ideale Stocklänge für Nordic Walker berechnet werden sollte. Die

Spezialisten der Nordic Walking Union Deutschland (NWU), die sich auf Tausende von Videoanalysen stützen, empfehlen folgende Faustformel:

Körpergröße in cm x 0,66

Die nach dieser Formel errechnete Stocklänge (zwei Drittel der Körpergröße) ermöglicht einen natürlichen, also physiologischen Bewegungsablauf. Zu lange Stöcke provozieren ausweichende Rotationsbewegungen in Schulter- und Ellenbogengelenk – unwillkürlich werden die Schultern angehoben, was auf Dauer zu Verspannungen führt. Außerdem ist die Bodenkontaktzeit der Stöcke kürzer. So geht ein Teil der Effektivität verloren – also Vorschub.

Nordic-Walking-Schuhe

An die Schuhe werden hohe Ansprüche gestellt: Sie sollen stützen, führen, dämpfen und schützen – sie müssen die Belastungen, die wir unseren Füßen zumuten, ausgleichen. Für den Einstieg, in der Testphase eignen sich auch herkömmliche Trail-Running-Schuhe. Joggingschuhe, die weichere Sohlen haben, sind ungeeignet. Weil die größere Schrittlänge beim Nordic Walking dazu führt, dass der Fuß durch den Schuh rutscht, was auf Dauer zu Druckstellen und Blasen führen kann. Wir empfehlen deshalb spezielle Nordic-Walking-Schuhe.

Worauf es beim Schuhwerk ankommt

Die Schuhe sollten optimal auf den Fuß abgestimmt sein. Die Passform und ein stabiler Leisten sind entscheidend, um eine saubere Fußführung und Abrollbewegung zu gewähr-

Kauftipps für die richtigen Nordic-Walking-Schuhe

01. Kaufen Sie am besten in speziellen Fachgeschäften.

02. Prüfen und erfragen Sie die Kompetenz des Verkäufers. Er sollte bei Ihnen folgende Punkte abklären: Welchen Fußtyp haben Sie? Gewicht? Auf welchem Untergrund werden Sie vor allem trainieren?

03. Bringen Sie Ihre Laufsocken, die im Gebrauch sind, und – wenn möglich – gebrauchte Sportschuhe mit. Anhand der abgelaufenen Sohle kann ein kompetenter Verkäufer sofort einseitige Belastungen oder falsches Abroll- und Abdruckverhalten erkennen.

04. Besonders an der Ferse soll der Schuh guten Halt geben.

05. Vertrauen Sie auch auf Ihr subjektives Gefühl!

06. Wenn Sie morgens trainieren, kaufen Sie auch Ihren Schuh morgens, da die Fußwölbung sich über den Tag hin verändert. Wenn Sie bevorzugt nach der Arbeit walken, kaufen Sie auch Ihre Schuhe abends.

07. Wenn Sie regelmäßig walken wollen, kaufen Sie sich zwei unterschiedliche Modelle von unterschiedlichen Firmen, damit Ihr Fuß abwechselnd und unterschiedlich belastet wird. Das verhindert eine einseitige Belastung.

leisten. Eine weitere wichtige Aufgabe, die Dämpfung, wird von Nordic-Walking-Schuhen der neuesten Generation (spezielle Dämpfungssysteme) gut erfüllt. Außerdem kommt es noch auf die Stützeigenschaften der Schuhe und auf wasserabweisendes Material (z. B. Gore-Membran) an – das erhöht bei Regen und im Winter den Tragekomfort.

Folgende Kriterien helfen bei der Auswahl:

> Die Passform (besonders im Fersenbereich) muss stimmen.
> Der Schuh soll optimalen Halt geben. Sie dürfen darin nicht schwimmen – das provoziert die Bildung von Blasen.
> Der Ballenpunkt soll an der richtigen Stelle liegen.
> Die Sohle soll griffig sein, aber dabei auch so flexibel, dass sie die Abrollbewegung unterstützt.

Zwar ist beim Nordic Walking ist die Belastung auf Bänder und Gelenke – im Vergleich zum Jogging – verhältnismäßig gering. Dennoch sollten Fehlstellungen des Fußes, etwa ein übermäßig seitliches Einknicken, durch spezielle, von Sportorthopäden angefertigte Einlagen korrigiert werden. Mit einem optimal passenden Schuh erhöht sich die Bewegungsfreude, und es werden Verletzungen und Überlastungserscheinungen vermieden.

> Wir wissen nicht, was in uns steckt, solange wir nicht versuchen, es herauszuholen.
> *E. Hemingway*

Die Bekleidung

Nordic Walking ist eine Ganzjahressportart. Sie sollten also Ihre Kleidung den entsprechenden Jahreszeiten und Wetterbedingungen anpassen. Fürs Übergangswetter eignen sich Tights und leichte Windjacken. An Jacken, die für schlechtes Wetter geeignet sind, sollten Sie nicht sparen. Die Jacke (wind- und wasserdicht) sollte eng anliegen, trotzdem die Armbewegung nicht beeinträchtigen. Besonders unter den Achseln und in der Leiste darf nichts zu eng sein und scheuern. Gute Jacken bestehen aus drei Lagen: Innenfutter, Folienmembran, Außenhaut.

Atmungsaktiv, wärmeregulierend, winddicht, pflegeleicht

Während des Trainings steht der Körper unter Volldampf, und die überschüssige Wärme muss schnell nach außen abgegeben werden, damit der Motor nicht heißläuft – wir schwitzen.

Der Schweiß hat also eine außerordentlich nützliche Funktion. Schweiß verdunstet auf der Haut und erzeugt Verdunstungskälte, die den Körper kühlt. Kunstfasern geben die Feuchtigkeit schneller nach außen. Der Wärmeaustausch funktioniert besser, der Körper bleibt nahezu trocken. Mittlerweile bieten Hersteller nicht nur funktionelle, sondern zugleich auch sportive, modische Nordic-Walking-Linien.

Ziehen Sie sich bei kühleren Temperaturen nach dem Zwiebelprinzip an: Auf die Haut die Textilien aus schweißableitenden Kunstfasern, darüber eine weitere dünnere Schicht Kunstfasern und eine atmungsaktive Jacke.

Handschuhe

Prinzipiell sind spezielle Handschuhe eine sinnvolle Ergänzung zu den Nordic-Walking-Stöcken. Sie schützen gerade bei längeren Touren und sehr aktivem Einsatz vor Blasen und Druckstellen. Hier sollten Sie dem Material Baumwolle gegenüber Leder unbedingt den Vorzug geben, da die Körperwärme besser zurückgehalten wird. Besonders zu Beginn des Trainings macht sich dies angenehm bemerkbar.

> Das einzige Mittel, Zeit fürs Training zu haben, ist, sich diese Zeit zu nehmen.

Mütze, Kappe, Stirnband

Der größte Teil der Körperwärme (40 Prozent) geht über den Kopf verloren. Klar, besonders an kalten Tagen schützt eine Kopfbedeckung die heiklen Ohren. Und im Sommer ist eine Kappe ein guter Schutz gegen zu intensive Sonne und verhindert (wie das gute alte Stirnband), dass Schweiß in die Augen läuft.

Socken

Wer zu Blasen neigt, sollte sich spezielle Laufsocken ohne Nähte anschaffen. Sie zahlen sich bei längeren Touren aus.

Die Pulsuhr – unverzichtbar

Der persönliche Trainer am Arm: Die drahtlosen Sportuhren mit eingebautem Herzfrequenzmesser messen EKG-genau, sie sind besonders für Einsteiger sinnvoll, weil sich mit ihrer Hilfe die Belastung und Intensität genau steuern und dosieren – und somit erfolgreicher gestalten – lässt. Jederzeit kann der individuelle körperliche Zustand kontrolliert und ausgewertet werden. In den letzten Jahren sind Verbreitung, Nutzwert und auch die Finessen von Herzfrequenzmessern – so die korrekte Bezeichnung für die kleinen Helfer am Handgelenk – enorm gestiegen, und das Handling ist deutlich leichter geworden.

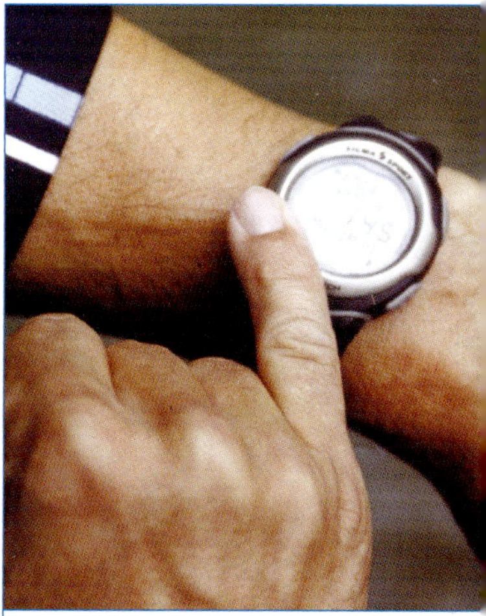

Vorteilhaft: Eine Pulsuhr liefert wichtige Informationen.

Die Anschaffung eines Herzfrequenzmessers zahlt sich immer aus. Das Gerät ist eine Art Lautsprecher fürs Herz, es erhöht die eigene Sensibilität für richtig dosiertes Training, erleichtert also wirklich effektives Training. Das Gerät ist ein zuverlässiger elektronischer Taktgeber, der kontrolliert, ob Sie sich auch wirklich im optimalen Trainingsbereich bewegen, ob Sie also aerob oder anaerob trainieren, ob Sie Fette oder Kohlenhydrate verbrennen (mehr dazu ab Seite 34). Sie kosten ab 60 Euro. Topmodelle können mit einer speziellen Software die Daten sogar direkt in den Computer einlesen, auswerten, grafisch darstellen, archivieren.

Worauf es beim Herzfrequenzmesser ankommt

Wenn Sie sich einen Herzfrequenzmesser anschaffen, sollten Sie auf folgende Standards Wert legen: große Ziffern, Beleuchtung, Stoppuhrfunktion und einen codierten Gurt. Damit lassen sich störende, nervende Einflüsse durch andere Geräte vermeiden.

Hilfreiches Equipment

Wer sein Training noch weiter optimieren möchte, kann mit folgenden Anschaffungen liebäugeln:

Hüftgurt oder Laufrucksack

Wohin mit dem Autoschlüssel, Geld, Gummi-Pads oder der Trinkflasche? Bei längeren Trainingseinheiten ist ein Hüftgurt oder ein Laufrucksack (Hersteller: z. B. Camelback) sein Geld wert. Die Tragehelfer sollten eng am Körper anliegen.

Neun Zehntel unseres Glücks beruhen auf der Gesundheit.

Arthur Schopenhauer

Trinkflasche

Gerade bei längeren Trainingstouren sollten Sie stets auf genügend Wasserzufuhr achten. Am besten ist es, wenn Sie alle 30 Minuten ein paar Schluck Flüssigkeit (ideal sind Apfelschorle oder einfach Wasser) zu sich nehmen. Wenn der Körper nämlich erst einmal dehydriert, bringt er nicht mehr die optimale Leistung. Es können massive Beschwerden auftreten – und der Spaßfaktor sinkt.

Sonnenbrille

Eine sportive Sonnenbrille ist mehr als ein modisches Accessoire. Sie schützt die Augen nicht nur vor schädlicher Strahlung, sondern ist auch gut gegen Wind, Blütenstaub, Mücken und anderes lästiges Kleingetier.

Sport-BH

»Da wackelt nix« – mit diesem unmissverständlichen Slogan wirbt ein Hersteller. Nur wenn der Sport-BH richtig sitzt, also nicht scheuert, Bewegungsfreiheit bietet und ausreichend Halt gewährleistet, macht das Nordic Walking Spaß. Die Verarbeitung ist enorm wichtig, denn Druckknöpfe, Reißverschlüsse oder Häkchen stören irgendwann fürchterlich.

Stirnlampe

Sehen und gesehen werden, auch in den dunklen Monaten des Jahres: Mit Hilfe eines nur 125 Gramm leichten, tragbaren Lichtsystems mit Frontreflektor sowie Rückstrahler mit Leuchtdiode (Hersteller: z. B. Nighteye) können nachtaktive Nordic Walker jederzeit gefahrlos trainieren. Die Leuchtweite beträgt immerhin bis zu 15 Meter.

Dynamisch: Funktionelle Bekleidung erhöht den Trainingsspaß.

Reebok

03. Das Training für Einsteiger

Nordic Walking ist nicht so schwer. Die Technik kann jeder leicht erlernen. Trotzdem: Natürlich will Nordic Walking gelernt, das Trainingsprinzip sollte verstanden sein. Um die positiven Aspekte von Nordic Walking ausschöpfen zu können, ist ein bisschen Basiswissen nützlich.

Gute Technik, besserer Erfolg

Wann macht Skifahren oder Schwimmen besonders viel Spaß? Richtig – wenn wir die Technik gut beherrschen. Wann macht Tennis richtig Spaß? Genau – wenn die Spieler Vorhand, Rückhand, Aufschlag, Stopp und Lob beherrschen, also die wichtigen Grundschläge. Wann macht Nordic Walking Spaß? Richtig – wenn man den Grundschritt kann.

Es ist nicht schwer, diesen Nordic-Walking-Grundschritt zu lernen – aber er will erst einmal richtig gelernt sein. Das Bemühen zahlt sich aus. Mit korrekter Grundtechnik gelingt es rasch und spielerisch, den Energiestoffwechsel wirkungsvoll anzuregen, den Bewegungsapparat und die Gelenke zu entlasten und all die positiven Trainingseffekte (ab Seite 11) zu erzielen. Ohne die korrekte Technik wird ein Großteil der Wirkung verpuffen. Der Bewegungsablauf – richtig ausgeführt – wirkt dynamisch und rund. Entscheidend ist der Einsatz der Stöcke.

Die Stockspitze zeigt immer nach schräg hinten. Der rechte Stock wird aufgesetzt, wenn die linke Ferse den Boden berührt, und der linke Stock erst dann, wenn die rechte Ferse den Boden berührt. Grundsätzlich gilt: Je länger jeder Stock Bodenkontakt hat, desto effektiver ist das Training.

Der Grundschritt

In Zeitlupe sieht die Grundtechnik so aus: Sie stehen leicht nach vorne geneigt, linkes Bein vorne, die Stöcke werden nahe am Körper gehalten. Der rechte Arm ist leicht gebeugt nach vorne gestreckt, die linke Hand hinter der Hüfte. Jetzt schwingt das rechte Bein nach vorne, der Schienbeinmuskel auf der Vorderseite des Beines zieht den Fuß aktiv an. Fußspitze und Zehen zeigen dadurch nach oben, die Ferse setzt auf dem Boden auf und rollt über die Großzehe ab. Parallel zum rechten Bein schwingt der linke Arm nach vorne, die Stockspitze setzt in der Mitte zwischen der linken Fußspitze und der rechten Ferse auf.

Die Stöcke werden fest aufgesetzt. Beim Zurückschwingen des Armes öffnet sich die Faust ab Hüfthöhe. Die Schulter- und die Beckenachse rotieren dem großen Schritt entsprechend gegeneinander – ein ganz natürliches Zusammenspiel.

Die Schrittlänge ist deutlich größer als beim normalen Walking. Die Schritte sind weit und raumgreifend – was anfangs vielleicht ungewohnt erscheint. Doch schon nach wenigen Minuten kommt fast allen Einsteigern diese Bewegung harmonisch vor.

Ein ganz natürlicher Bewegungsablauf

> Die Beine bewegen sich wie beim normalen Gehen. Sie bewegen jeweils das linke Bein und den rechten Arm bzw. das rechte Bein und den linken Arm gleichzeitig nach vorne.
> Die Füße zeigen gerade nach vorne und setzen jeweils mit der ganzen Fläche auf der Ferse auf. Rollen Sie dann über die Außenkante des Fußes und den großen Onkel ab.
> Die Knie sind immer leicht gebeugt, sie sollten nie ganz gestreckt sein.
> Der Oberkörper ist ganz leicht nach vorne gebeugt.
> Der Kopf ist erhoben, die Augen schauen geradeaus.
> Die Arme spielen bei der Nordic-Walking-Bewegung eine wichtige, unterstützende Rolle. Sie schwingen aktiv mit.
> Die Schultern sind locker und entspannt und bewegen sich entgegengesetzt zur gleichseitigen Hüfte.
> Die Hände sind beim Aufsetzen des Stocks geschlossen und werden beim Zurückschwingen ab Hüfthöhe ganz geöffnet. Das heißt: Der Handgriff an den Stöcken wird im Rhythmus fest gefasst und wieder gelöst. Dieses An-/Entspannen der Arm- und Schultermuskulatur sorgt für ein ermüdungsfreies Trainieren.
> Die Stöcke werden nahe am Körper geführt. Die Armbewegung wird mit der Schrittlänge koordiniert. Das heißt: Raumgreifende Armbewegungen nach vorne und hinten führen zu großen Schritten.

Professionelle Anleitung

Die Teilnahme an einem Nordic-Walking-Grundkurs ist nicht notwendige Voraussetzung – aber sehr nützlich. Denn von Anfang an werden Haltungsfehler und falsche Techniken vermieden. Je besser Sie die Technik beherrschen, umso mehr Spaß macht das Training – und umso effektiver ist es auch.

Der Grundschritt – so geht es richtig

Versuchen Sie von Anfang an, eine spielerische Leichtigkeit zu gewinnen. Das natürliche Bewegungsmuster beim Nordic Walking ist harmonisch, fühlt sich gut an und macht vom ersten Schritt an viel Spaß.

Armbewegung
Raumgreifend mit fast gestreckten (langen) Armen

Offene Hand
Die hintere Hand öffnet sich mit dem Armschwung nach hinten

Stockposition
Die vordere Stockspitze unter dem Körperschwerpunkt, die hintere im Abstand einer Stocklänge hinter dem Körper

Rotation
Die Schulterachse rotiert dem natürlichen Bewegungsmuster folgend gegengleich zur Beckenachse

Aufrechter Oberkörper
Brustbein und Bauchnabel anheben

Faust
Die vordere Hand ist beim Aufsetzen des Stocks geschlossen

Aktive Fußarbeit
Flaches Aufsetzen der Ferse, Abrollen über die Außenkante bis zum Großzehengrundgelenk

Nordic Walking – leichter anfangen in 4 Schritten

Bevor Sie den Nordic-Walking-Grundschritt üben, lernen Sie in vier simplen Schritten den richtigen Bewegungsablauf.

Der erste Schritt

Nehmen Sie Ihre Stöcke zur Hand und schlüpfen Sie in die Schlaufen. Jetzt die Arme hängen lassen und mit geöffneten Händen losgehen. Die Arme schwingen ganz natürlich mit jedem Schritt hin und her. Sie schleifen die Stöcke hinter sich her.

Der zweite Schritt

Jetzt gehen Sie ebenso locker und entspannt, machen aber bewusst raumgreifende Armbewegungen. Sie werden erleben: Die Schrittlänge passt sich automatisch an.
Sie spüren jetzt einen leichten Widerstand von den schleifenden Stockspitzen.

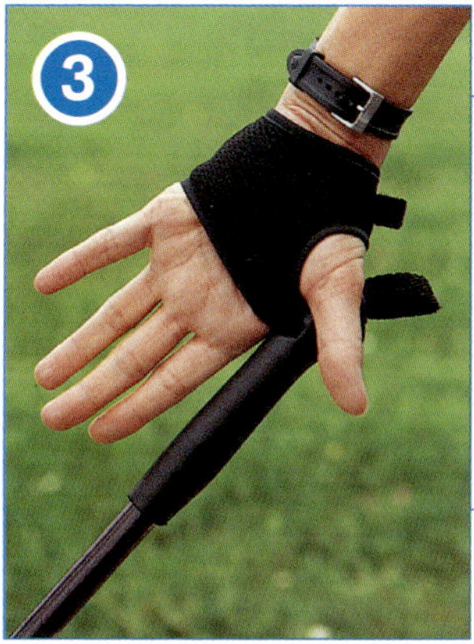

Der dritte Schritt

Beim Gehen spüren Sie jetzt dem leichten Widerstand der Stockspitzen nach und üben über die Oberarmmuskulatur (Trizeps) bewusst Druck aus. Die Hände sind immer noch geöffnet.

Der vierte Schritt

Sie gehen jetzt mit angepassten Schritten, greifen erstmals die Stöcke und setzen diese bewusst ein.

Zeitlupentempo

Keine schlechte Idee, wenn Sie die ersten Schritte zunächst ruhig in Zeitlupentempo absolvieren, um Klarheit über die Reihenfolge des Bewegungsablaufs zu gewinnen.

Die Trainingsgrundlagen

> Was du bekommst, ist immer das, was du gegeben hast.
>
> *Udo Jürgens*

Es macht wenig Sinn – und bringt auch kaum den gewünschten Effekt –, wenn Sie wild drauflos trainieren. Wer beispielsweise durch Nordic Walking abnehmen, also in den Fettstoffwechsel kommen will, sollte das Training den sportwissenschaftlichen Erkenntnissen anpassen. Das heißt: Sie sollten sich in einem Bereich der für Sie optimalen Pulswerte belasten. Eine höhere Intensität, also höheres Tempo, ist sinnlos. Selbst ambitionierte Sportler und Profis trainieren nur kurze Einheiten in der anaeroben Zone.

Das Herz – unser zuverlässiger Trainingspartner

Das Herz versorgt den Organismus mit Blut und Sauerstoff und ist eine Art Barometer für den Zustand des ganzen Körpers. Es sammelt Informationen über die Gefühlslage (Bin ich aufgeregt? Erfreut? Ärgerlich?) und die Physis (Wie stark beanspruche ich den Körper?). Diese Daten fließen in ein einziges Signal: den Pulsschlag. Die Herzfrequenz ist sehr aussagekräftig. Sie zeigt die Intensität der Belastung an. Überfordere ich mich? Unterfordere ich mich? Mache ich Trainingsfortschritte?

Drei Taktgeber sollten Sie kennen: Ruhepuls, Maximalpuls (maximale Herzfrequenz) und Belastungspuls. Sie geben objektive und aufschlussreiche Informationen.

Den Ruhepuls finden

Den Ruhepuls sollten Sie vor dem Aufstehen messen. Sie können ihn am Hals oder am Handgelenk ertasten: 15 Sekunden die Pulsschläge zählen, mit 4 multiplizieren – das ist Ihr Ruhepuls. Normal ist ein Wert um 70. Durch regelmäßiges Training verringert sich der Ruhepuls um bis zu 20 Schläge pro Minute.

Was heißt Maximalpuls?

Je mehr Sie sich anstrengen, umso mehr Sauerstoff brauchen die Muskeln, damit sie die nötige Energie erzeugen können. Also muss das Herz mehr Blut pumpen – es schlägt schneller. Der Puls steigt. Der Maximalpuls (maximale Herzfrequenz) ist erreicht, wenn Sie sich bis zum Anschlag anstrengen. Besprechen Sie solch einen Test vorher mit Ihrem Arzt.

Welches ist mein optimaler Belastungspuls?

Der Belastungspuls errechnet sich nach einer Faustregel. Für **Männer**: 220 minus Lebensalter; für **Frauen**: 226 minus Lebensalter – ergibt den Maximalpuls. Von dieser Marke sollten Sie

> mindestens 65 Prozent erreichen, damit das Training positive Wirkungen zeigt,

> höchstens 85 Prozent, damit Sie sich nicht überlasten.

Die vier Trainingszonen

	Maximale Herzfrequenz	Trainings-dauer/Min.	Empfehlenswert für ...
Gesundheitszone	50–60 %	80 Min. und mehr	Trainingsanfänger; Regeneration
Fettverbrennungszone	60–70 %	45 Min. und mehr	Gewichtsmanagement; Alterssport; gesundheitsorientierte Fitness
Aerobe Zone	70–85 %	30 Min.	Ambitionierte Freizeitsportler
Anaerobe Zone	85–100 %	5–8 Min.	Hochleistungssport; Intervalltraining

Die persönlichen Herzfrequenzzonen (zum Eintragen)	
Meine **maximale Herzfrequenz (100 % max HF)**	Schläge/Min.
Meine **Ausdauerherzfrequenz (70–85 % max HF)**	Schläge/Min.
Meine **Fettstoffwechselherzfrequenz (60–70 %max HF)**	Schläge/Min.
Meine **Gesundheitsherzfrequenz (50–60 % max HF)**	Schläge/Min.

Die Pulsuhr – ein nützlicher Kontrollfaktor

Wie gesagt: Die Anschaffung eines Herzfrequenzmesser ist sehr sinnvoll. Nachdem Sie Ihre maximale Herzfrequenz und die verschiedenen Zielzonen kennen, können Sie die jeweilige Unter- und Obergrenze eingeben. Die Pulsuhr zeigt an, ob Sie sich in der optimalen Trainingszone bewegen – wenn nicht, piept´s.

Wie oft und wie lange soll ich trainieren?

Überfordern Sie sich nicht. Richten Sie sich nach Ihren Möglichkeiten und Voraussetzungen. Wer abnehmen will, sollte auf keinen Fall außerhalb der aeroben Zone trainieren.
Unsere Muskeln haben kein Gedächtnis. Schon nach drei, vier Tagen »vergessen« sie einen Trainingsreiz wieder. Wenn Sie also spürbare Fortschritte erzielen wollen, wäre

> einmal pro Woche Training besser als nichts,
> zweimal pro Woche Training besser,
> dreimal pro Woche Training optimal.

Öfter – und jeweils ca. 45 bis 70 Minuten – sollten Sie in den ersten Monaten noch nicht trainieren. Die Muskulatur sollte nach jeder Belastung jeweils einen Tag Zeit zur Regeneration bekommen. Später können Sie auch fünfmal pro Woche trainieren.

Schritt für Schritt in Schwung

Prinzipiell gilt: Bloß nichts überstürzen. Belasten Sie Ihren Körper anfangs maßvoll, sonst verlieren Sie schnell die Lust. Wenn die beanspruchte Muskulatur leicht schmerzt – wunderbar. Sie wissen, jetzt setzt der Trainingseffekt ein. Betrachten Sie Ihre muskuläre Müdigkeit also als den besten Beweis, dass Sie auf einem guten Weg sind – zu mehr Fitness. Vor allem: Geben Sie Ihrem Körper Zeit, sich zu erholen. Er wird sich schon bald an die ungewohnte Belastung gewöhnen. Schritt für Schritt. Wenn Sie dem Körper nach und nach eine etwas höhere Belastung zumuten, schaffen Sie eine gesunde Basis.

Wie Fortschritte entstehen

Der eigentliche Trainingseffekt, aus dem sich schließlich eine ansteigende Leistungskurve ergibt, entsteht, wenn nach einem vorausgegangenen Trainingsreiz die Folgen der Belastungen nicht nur ausgeglichen werden, sondern über das ursprüngliche Leistungsniveau hinaus verbessert (überkompensiert) werden. In der Fachsprache heißt das: Superkompensation. Ein im Vergleich zur vorherigen Beanspruchung höherer (überschwelliger) Trainingsreiz führt zur so genannten Adaption, bewirkt also Veränderungen: Der Körper wird leistungsfähiger.

Stärke wächst im Garten der Geduld.
Ulrich Pramann

Nach einer Phase der Erschöpfung beginnt gewissermaßen die Reparatur. Die strapazierten Systeme werden verbessert, aufgerüstet. Durch die regelmäßige Ausdauerbelastung Nordic Walking verbessert sich z. B. die aeroben Energiebereitstellung, außerdem vergrößern sich die Glykogendepots (Zuckerspeicher), die Muskelfasern wachsen und vermehren sich. Wenn der nächste Trainingsreiz jeweils in der Phase der Superkompensation gesetzt wird, ergibt sich ein kontinuierlicher Leistungsanstieg.

Das Prinzip der steigenden Belastung

Ohne Geduld ist sinnvolles Training nicht möglich. Wer sich zu viel auf einmal vornimmt, wer sein Pensum zu schnell steigert, überfordert sich. Steigern Sie sich stetig, aber in Maßen. Das heißt: Die Steigerung von Trainingsdauer und -umfang sollte nie mehr als zehn Prozent des vorigen Trainings betragen.

Ist ein Muskelkater schlimm?

Nein. Ein Muskelkater zeigt nämlich auch, dass jetzt der neue Trainingsreiz anschlägt. Auslöser kann eine neue ungewohnte Bewegungsform sein. Der Muskelkater setzt erst mehrere Stunden oder oft auch erst am nächsten Tag nach der Belastung ein. Es kommt zu verhärteten Muskelpartien und oft starken Schmerzen. Jetzt sollte intensive Belastung vermieden werden. Die Funktion der Muskulatur bleibt oft für mehrere Tage erheblich gestört. In der Behandlung haben sich Eisabreibungen, Kneipp-Anwendungen, Wechselbäder sowie leichtes Bewegungstraining bewährt. Sorgen Sie auch für eine ausreichende Flüssigkeitszufuhr. Nach mehrmaligem Training tritt ein Muskelkater leichter oder gar nicht mehr auf.

Die Motivation

Warten Sie nicht darauf, dass andere Sie motivieren. Das ist nicht möglich. Nur Sie selbst können sich dauerhaft motivieren. Selbstmotivation ist unsere positive Energiequelle – die wichtigste, die uns zur Verfügung steht. Motivation hängt von der inneren Bereitschaft ab. Es muss ein Motiv vorhanden sein, um

Motivation entwickeln zu können. Motivation ist das in uns, was uns auf bestimmte Weise antreibt und bewegt. Und dafür müssen wir ein bestimmtes Ziel vor Augen haben.

Die persönliche Zielsetzung

Ohne Ziel sind und bleiben wir orientierungslos. Mittelmäßigkeit, Unlust, Langeweile, frustrierende Zustände lassen sich nur mit einer klaren Zieldefinition besiegen. Die wichtigsten Voraussetzungen für das Erreichen eines Ziels: Das Ziel muss erreichbar sein, Schritt für Schritt.

> Wer sein Ziel kennt, findet den Weg.
> *Laotse*

- Setzen Sie sich keine unrealistischen Ziele. Sie werden sonst schnell den nötigen Spaß verlieren. Nur was Erfolgserlebnisse beschert und echte Freude bereitet, erzeugt Dynamik.
- Unterteilen Sie Ihr Ziel in Etappen, die überschaubar sind. Durch diese Strategie der kleinen Schritte werden Zwischenresultate ermöglicht, die kleine, wichtige Erfolgserlebnisse bescheren.

Was will ich durch Nordic Walking erreichen?

Was treibt Sie an? Bessere körperliche Leistungsfähigkeit, Gewichtsreduktion, Trainingsergänzung oder Stressabbau – sicherlich haben Sie genaue Vorstellungen, was Sie durch Nordic Walking erreichen wollen.

Meine Motive für Nordic Walking (Tagebucheintrag)	

Typische Fehler – und wie es richtig ist

Der Fehler	Die Auswirkung	Die Korrektur
Passgang	Dieser Anfängerfehler führt zu einer unphysiologischen Bewegung	Arme mit geöffneten Händen beim Gehen mitpendeln lassen
Kleine Schritte	Der Armeinsatz reicht nicht, der Bewegungsradius ist zu gering, fehlende Dynamik	Abwechselnd kurze und lang gezogene Schritte mit kräftigem Fußabdruck
Oberkörper nach vorne geneigt	Kein harmonisches Gangbild	Den Oberkörper bewusst aufrichten
Stockeinsatz vor dem Körper	Sie laufen gegen den »Widerstand« der Stöcke, kein Vortrieb über den Stockeinsatz.	Die Stockspitzen unter dem Körperschwerpunkt aufsetzen, Spitzen schräg nach hinten
Armarbeit nur aus dem Ellenbogengelenk	Uneffektiver Stockeinsatz, Kraftentfaltung überwiegend nach unten	Schwingen Sie ganz bewusst raumgreifend nach vorne und hinten
Fehlender Schub hinter der Hüfte	Sie entwickeln wenig Vortrieb. Dadurch ist verstärkte Beinarbeit nötig.	Schieben Sie sich bewusst über den Stockeinsatz nach vorne

Suchen Sie Abwechslung

Variieren Sie das Training, um Trainingsmüdigkeit zu vermeiden.

> Testen Sie neue Routen, suchen Sie neue Strecken.
> Trainieren Sie zu unterschiedlichen Tageszeiten.
> Lassen Sie sich mal irgendwo absetzen, walken Sie heim.

Suchen Sie Mitstreiter

Trainingspartner können sehr hilfreich sein. Warum schließen Sie sich beispielsweise nicht einem Nordic-Walking-Treff an – wenigstens einmal pro Woche. Gute Gelegenheiten, um Erfahrungen auszutauschen. Suchen Sie offensiv (Kollegen, Nachbarn ansprechen, Inserat schalten).

Wen könnte ich als Trainingspartner gewinnen?	
Name	Telefonnummer
Name	Telefonnummer
Name	Telefonnummer

Der Aufbau einer Trainingseinheit

Wenn Sie das ganze Potenzial von Nordic Walking ausnutzen wollen, sollten Sie Wert auf systematisches Training legen.

1. Aufwärmen und Mobilisieren (Warm-up): Starten Sie bewusst langsam. Um den Kreislauf einzustimmen, beginnen Sie z.B. mit Mobilisationsübungen (ab Seite 42).
2. Nordic-Walking-Training: Nach den Mobilisationsübungen beginnt das eigentliche Nordic-Walking-Training. Starten Sie mit gemäßigtem Tempo.
3. Abwärmen und Kräftigen (Cool-down): Gewöhnen Sie sich an, eine Trainingseinheit mit Kräftigungsübungen (ab Seite 48) und mit dem Dehnen der Muskulatur (ab Seite 52) zu beenden.

Die Aufwärmübungen

Um Ihren Kreislauf auf die kommende Belastung vorzubereiten, sollten Sie mit Mobilitätsübungen beginnen. Nehmen Sie sich dafür etwa 5 Minuten Zeit. Erst nach diesem Aufwärmen gehen Sie langsam los.

Armschwingen im Stand
Stabiler Stand. Die Stöcke jeweils in der Mitte fassen und nun die Arme gestreckt vor- und zurückschwingen.

Schulterheben
Stabiler Stand. Stöcke einfach waagerecht halten und nun die Schultern abwechselnd heben – für jeweils 30 Sekunden.

Auf der Stelle marschieren

Knie anziehen. Die Arme schwingen für 30 Sekunden im Diagonalschwung (gegengleich) mit.

Beinschwingen

Stöcke zum Stabilisieren aufsetzen. Nun mit einem Bein 30 Sekunden lang locker vor- und zurückschwingen.

>>

Die Aufwärmübungen

Eine Acht schreiben

Stöcke zum Stabilisieren aufsetzen. Jetzt mit einem Bein eine möglichst große Acht nachzeichnen. Diese Übung mit jedem Bein 30 Sekunden lang durchführen.

Fuß anheben und strecken

Einbeinstand. Jetzt den Fuß anheben und strecken; jeden Fuß 20-mal. Dies stärkt den vorderen Schienbeinmuskel.

Fußkreisen

Einbeinstand. Jetzt mit dem Fuß kleine Kreise beschreiben; mit jedem Fuß 20-mal. Dies mobilisiert die Sprunggelenke.

Warum ist das Warm-up wichtig?

Aufgewärmte, also besser durchblutete und mit Sauerstoff versorgte Muskulatur ist dehnbarer und geschmeidiger. Die Sehnen und Bänder werden elastischer, Gelenke stärker geschmiert, die Koordinationsfähigkeit nimmt zu – insgesamt stellt sich der Körper einfach besser auf die Belastung ein. Dadurch sinkt das Verletzungsrisiko. Ohne Warm-up dauert es bis zu vier Minuten, ehe die Sauerstoffaufnahme dem Belastungsniveau entspricht. Während dieser Zeit werden (wegen Sauerstoffmangels) verstärkt Kohlensäure, Milchsäure und andere Stoffwechselzwischenprodukte gebildet, die dafür verantwortlich sind, dass die Ermüdung steigt.

Das Kräftigungstraining

Wusstren Sie, dass wir alle drei Jahre rund ein Kilogramm Muskelmasse verlieren und diese meistens durch Fettmasse ersetzen? Zwischen dem 20. und dem 70. Lebensjahr geht also fast die Hälfte der Skelettmuskelmasse verloren, und zwar vor allem die schnell kontrahierenden Muskelfasern, die uns beispielsweise bei einem Sturz davor bewahren, dass wir nicht plump wie ein Sack Reis umfallen und uns dabei vielleicht einen Knochenbruch zuziehen. Dieser schleichende Muskelverlust wird durch einseitige Diäten oft noch verstärkt.

Durch gezieltes Kräftigungstraining lässt sich der altersbedingte Muskelabbau, der oftmals übrigens auch die eigentliche Ursache für Rückenschmerzen ist, stoppen. Mehr noch: Jeder kann in kurzer Zeit Muskulatur aufbauen. In jedem Alter.

Muskeln für die Fettverbrennung

Fett verbrennt einzig und allein in der Muskulatur. Wenn wir eine Zeit lang nicht trainieren, rosten wir gewissermaßen ein. Die zuckerverbrennenden Enzyme funktionieren lebenslang. Doch die fettverbrennenden Enzyme bleiben uns nur erhalten, wenn wir sie fordern und benutzen. Andernfalls werden sie in Aminosäuren aufgespalten – und verschwinden.

Ein gezieltes Kräftigungstraining hat also gleich mehrere hervorragende Effekte – auch und besonders für die Gewichtsreduktion:

> Die Muskelmasse wird moderat aufgebaut und nimmt zu.
> Die Körperformen sind besser modelliert.
> Durch mehr Muskulatur erhöht sich der Kalorienverbrauch – in Ruhe und bei Aktivität.

> Die Leistungsreserven und die Leistungsfähigkeit steigen – mithin auch auch der Spaß an der Gewichtsreduktion.

Muskeltraining beim Nordic Walking

Beim Nordic Walking wird ja ohnehin nicht nur die Ausdauer trainiert, sondern gleichzeitig auch die Muskulatur gekräftigt. Vor allem Oberschenkel, Gesäß, Hüfte und Waden, aber auch die Brustmuskulatur, Schultern und Arme.

Trotzdem sollten Sie regelmäßig noch ein paar Kräftigungsübungen einbauen. Am besten am Ende des Trainings. Weil alle Übungen eine leichte Grundspannung des Körpers erfordern, ist es gut, wenn Sie schon ordentlich aufgewärmt sind.

Die Sportwissenschaft hat herausgefunden, dass Muskeltraining auch dann gut anschlägt, wenn die Muskeln mit mittlerer Intensität, dafür aber mit vielen Wiederholungen beansprucht werden. Wir müssen also gar nicht bis an unsere Grenzen gehen. Es reicht, wenn Sie sich nur mittelschwer belasten.

Kraftvoll: 90 Prozent der Muskulatur sind im Einsatz.

Kräftigungsübungen mit Stöcken

Wenn Sie Anfänger sind, sollten Sie alle Übungen 15-mal machen – direkt hintereinander, ohne Pause. Wenn Sie Fortgeschrittener sind, können Sie sich durchaus 20 Wiederholungen zumuten. Machen Sie insgesamt etwa 2 bis 3 Durchgänge. Legen Sie nach jedem Durchgang eine kurze Lockerungspause (etwa 1 Minute) ein.

Schulter

Stabiler Stand. Die Stöcke breit über dem Kopf greifen und in den Nacken ziehen. Dabei die Hände kontinuierlich auseinander ziehen. Ohne dem Zug nachzugeben, wieder in die Ausgangsposition zurück.

Rücken

Kleiner Ausfallschritt. Die Stöcke weit greifen, wieder waagerecht über dem Bauchnabel halten und jetzt die Stöcke zur Brust ziehen.

Brust

Stabiler Stand. Knie leicht gebeugt, Po und Bauch angespannt. Oberkörper aufrecht. Die Stöcke waagerecht außen greifen, vor der Brust halten und dann von der Brust wegdrücken. Die Unterarme parallel zum Stock.

Bizeps

Stabiler Stand. Ellenbogen liegen am Körper an, Hände greifen die Stöcke schulterbreit. Stöcke langsam bis zur Brust führen, also Spannung aufbauen, und dann langsam wieder senken. Ellenbogen immer am Körper lassen.

>>

Kräftigungsübungen mit Stöcken

Trizeps

Stabiler Stand. Stöcke eng greifen. Nach unten ziehen, also Spannung aufbauen. Stöcke nach unten führen – und wieder hoch.

Quadrizeps

Stöcke hinter dem Körperschwerpunkt einstecken. Mit dem Gesäß tief runter – und wieder hoch. Je tiefer Sie das Gesäß bringen, umso schwerer wird diese Übung.

Gesäß

Stöcke hüftbreit vor dem Körper einstecken. Ein Bein wird angewinkelt und nach hinten geführt – bis in die gestreckte Position. Dann wieder anziehen. Die Zehenspitzen bleiben dabei angezogen.

Wade

Stöcke hinter dem Körperschwerpunkt einstecken. Auf Zehenspitzen hochziehen, dabei den Oberkörper möglichst aufrecht halten.

Stretching mit Stöcken

Bestimmt haben Sie schon beobachtet, wie sich Hunde oder Katzen verhalten, ehe sie in die Gänge kommen. Die recken und strecken (»Katzenbuckel«) und dehnen sich, sie bringen die Muskulatur, die sie ja gleich gebrauchen werden, in eine natürliche Spannung. Tiere wissen von Natur aus, was gut tut.

Wir sollten von den Tieren lernen. Durch richtiges Dehnen (jetzt unter dem wesentlich flotteren Begriff Stretching populär) werden Muskeln und Gelenke (wieder) geschmeidiger und beweglicher. Stretching kann vernünftig auf Bewegung vorbereiten und helfen, den Übergang von körperlicher Ruhe zu energischer Bewegung ohne große Belastung zu schaffen und hinterher die Spannung wieder abzubauen.

Stretching ist leicht zu lernen und sollte selbstverständich zu jedem Training dazugehören.

Es kommt vor allem auf ein entspanntes, kontinuierliches Dehnen an; schenken Sie alle Aufmerksamkeit dem Muskel, den Sie gerade dehnen. Hören Sie auf Ihren Körper. Dehnen Sie nur so weit, bis Sie ein deutliches Ziehen spüren, aber noch kein Schmerz einsetzt. Wippen Sie bitte nicht, das würde nur zu einer unerwünschten Gegenspannung der Muskulatur führen. Sie sollten sich auch nicht ruckartig bewegen oder nachfedern.

Was beim Stretching zu beachten ist

> Stretchen Sie vorsichtig bis zu leichtem Zugempfinden.
> Halten Sie den Dehnungsreiz etwa 20 Sekunden lang.
> Entspannen Sie kurz, dann wiederholen Sie die Übung.
> Atmen Sie beim Stretching ein: kontrolliert, also langsam und gleichmäßig. Während der Stretchpause weiteratmen.

Brust
Stabiler Stand. Die Stöcke über dem Kopf greifen. Jetzt die Arme langsam nach hinten ziehen – und halten.

Rundrücken
Stabiler Stand. Die Stöcke waagerecht halten, nach vorne schieben. Kopf zwischen die Oberarme, einen Katzenbuckel machen.

>>

Stretching mit Stöcken

Bizeps
Stabiler Stand. Der Oberkörper ist angewinkelt. Die Stöcke waagerecht halten. Die Arme sind gestreckt. Jetzt die Handgelenke überstrecken.

Trizeps
Die linke Hand greift die Stöcke unter dem Griff. Die rechte Hand zieht die Stöcke nach unten – und hält.

Hüftbeuger

Schrittstellung. Stöcke neben dem Körper aufsetzen. Das Gewicht auf das vordere Bein, das Becken nach unten drücken. Variante: Den Oberkörper über das Standbein nach außen drehen – das gibt noch eine stärkere Spannung.

Wade

Kleine Schrittstellung. Stöcke neben dem Körper aufsetzen. Ein Bein gestreckt vor den Körper stellen, Fuß anheben. Jetzt das Gesäß nach hinten schieben, den Oberkörper leicht nach vorne – das bringt maximale Spannung.

Die richtige Technik im Gelände

Der Reiz vom Nordic Walking besteht auch in der Abwechslung und neuen Herausforderungen. Wie schön, dass Sie nicht nur auf flachen Wegen, Sand- oder Schotterstraßen, also in ebenem Gelände unterwegs sein müssen. Wie wunderbar, wenn Sie über wellige Wiesen schnüren oder auf griffigem Waldboden trainieren – wo es Ihnen gefällt. Klar, dann müssen Sie Ihre Technik auch der Beschaffenheit des Geländes anpassen.

Wenn Sie querfeldein über Stock und Stein unterwegs sind, strengt das mehr an, obwohl Sie vielleicht langsamer gehen. In hügeligem Gelände wird das Nervensystem zusätzlich stimuliert, noch mehr Muskeln zu aktivieren – auch, um das Gleichgewicht zu halten. Da müssen Bänder, Sehnen und Muskeln koordiniert werden und harmonisch zusammenwirken. Der Kalorienverbrauch steigt. Der Trainingsreiz wird größer.

Bergauf

Bergauf stehen mehrere Techniken zur Auswahl, die je nach Steigungsgrad und -länge eingesetzt werden können.

Die Schrittlänge wird kürzer, die Arme werden intensiver eingesetzt. Die Schubbewegung erfolgt durch einen vermehrten Einsatz der Trizepsmuskulatur. Mögliche Variante: Doppelstock mit vermehrtem Schub nach hinten. Bernd Schäufle sagt: »Am Berg fühle ich mich immer wie ein aufrecht gehender Vierfüßler.«

Bergab

Jetzt werden die Muskeln und Gelenke stark belastet. Deshalb sollten Sie auf eine gute Technik Wert legen. Gehen Sie bergab mit dem Becken etwas tiefer, machen Sie etwas kleinere Schritte und stützen Sie sich auf die Stöcke, indem Sie den Oberkörper leicht zurücklehnen.

Wenn es sehr steil wird, halten Sie die Oberarme an den Oberkörper angepresst und führen Sie die diagonale Bewegung aus den Ellenbogengelenken heraus. Hierbei werden die Schritte kleiner und die Füße bewusst und sicher aufgesetzt. Selbst ein kleiner Ausrutscher wäre bei dieser Technik kein Problem.

Natürlicher Allradantrieb: Mit guter Technik macht Nordic Walking bergab und bergauf jede Menge Spaß.

Training für Fortgeschrittene

Nach den ersten vier Wochen werden Sie bereits erstaunliche Trainingsfortschritte feststellen. Sie werden sich selbst vielleicht sogar schon im Status »Fortgeschritten« ansehen. Zu Recht. Mit den Nordic-Walking-Varianten (Doppelstock-Technik, Jogging mit Stöcken, Hopserlauf) können Sie noch mehr Abwechslung in das Training bringen.

Die Doppelstock-Technik

Hier spielen Sie mit dem Grundbewegungsmuster der Nordic-Walking-Technik. Über den gleichzeitigen Einsatz der Stöcke erhöhen Sie den Krafteinsatz, müssen aber nicht automatisch schneller laufen. Bewährt hat sich die so genannte 3:1-Technik. Sie gehen also bei jedem Stockeinsatz drei Schritte.

Tipp: Zählen Sie einfach mit: links-zwei-drei, rechts-zwei-drei. An Steigungen können Sie auch in die 2:1-Technik wechseln.

Sie gehen also bei jedem Stockeinsatz zwei Schritte (links-zwei, links-zwei, links-zwei). Um einseitige Belastungen zu vermeiden, sollten Sie jede Minute die Seite wechseln (rechts-zwei, rechts-zwei, rechts-zwei).

Jogging mit Stöcken

Das Grundbewegungsmuster der Nordic-Walking-Technik können Sie auch hier beibehalten. Wenn Sie jetzt einfach ins Joggingtempo wechseln, verlängert sich die Flugphase, und Ihre Schritte werden gewissermaßen zu Schrittsprüngen. Diese Variante ist auch für geübte Ausdauersportler sehr anstrengend.

Der Hopserlauf

Als Kinder kannten und liebten die meisten diesen Bewegungsablauf. Beim Hopserlauf landen Sie nach dem Sprung auf dem Absprungbein, bevor das Bein der Gegenseite zum Absprung ansetzt. Achten Sie auf einen dynamischen Schwungeinsatz und drücken Sie sich kräftig mit den Stöcken ab.

Auf den folgenden Seiten bieten wir Ihnen Trainingspläne für die ersten 12 Wochen an, damit Sie Schritt für Schritt zum Nordic Walker werden.

Empfehlung für die nächsten Monate: Nutzen Sie das Trainingstagebuch ab Seite 74.

>>

04. Die Trainingspläne

Geduld, gute Gewohnheiten und seriöse Planung helfen, Schritt für Schritt in Form zu kommen.

Worauf es in den ersten 12 Wochen ankommt

Soviel steht fest: Ohne Plan keine Orientierung. Und ohne Orientierung ist das Erreichen eines Ziels ziemlich unwahrscheinlich. Wenn Sie Fortschritte erzielen wollen, helfen Trainingspläne. Unsere Pläne für die ersten 12 Wochen (ab Seite 62) haben sich in der Praxis schon vielfach bewährt. Lassen Sie sich also Zeit, um in Form zu kommen. Gönnen Sie sich notwendige Pausen. Durch bewusste Ernährung und Entspannung unterstützen Sie den Erfolg. Wir erinnern täglich daran, worauf es ankommt. Haken Sie es ab.

Ab dem 4. Monat: Trainingsaufwand dokumentieren

Nach drei Monaten Training haben Sie eine gute Basis gelegt. Tragen Sie in den folgenden 16 Wochen jeweils Ihren Trainingsumfang in die Minutenskala ein (z. B. N = Nordic Walking, K = Kräftigung, S = Stretching). Messen Sie regelmäßig Ruhepuls und Gewicht – einmal pro Woche reicht. Bewerten Sie Ihr Trainingsgefühl (1 = fällt mir leicht; 5 = puh, zu anstrengend). All dies kann helfen, Gewohnheiten zu optimieren und die Motivation zu stärken. Bis regelmäßiges Training selbstverständlich ist.

Woche 01 — Jaaaa! Jetzt geht es endlich los!

Tag	Training	Dauer	Checkliste
Montag	> 5 Min. Warm-up > 35 Min. Nordic Walking > 5 Min. Kräftigung > 5 Min. Stretching	50 Min.	◯ 2 Liter Wasser ◯ 2 Portionen Obst ◯ Entspannung ◯ Motivation
Dienstag			◯ 2 Liter Wasser ◯ 2 Portionen Obst ◯ Entspannung ◯ Motivation
Mittwoch	> 5 Min. Warm-up > 35 Min. Nordic Walking > 5 Min. Kräftigung > 5 Min. Stretching	50 Min.	◯ 2 Liter Wasser ◯ 2 Portionen Obst ◯ Entspannung ◯ Motivation
Donnerstag			◯ 2 Liter Wasser ◯ 2 Portionen Obst ◯ Entspannung ◯ Motivation
Freitag			◯ 2 Liter Wasser ◯ 2 Portionen Obst ◯ Entspannung ◯ Motivation
Samstag	> 5 Min. Warm-up > 35 Min. Nordic Walking > 5 Min. Kräftigung > 5 Min. Stretching	50 Min.	◯ 2 Liter Wasser ◯ 2 Portionen Obst ◯ Entspannung ◯ Motivation
Sonntag	> Sauna		◯ 2 Liter Wasser ◯ 2 Portionen Obst ◯ Entspannung ◯ Motivation

Woche 02

Spüren Sie Muskelkater? Macht nix, der vergeht.

Montag	> 5 Min. Warm-up > 35 Min. Nordic Walking > 5 Min. Kräftigung > 5 Min. Stretching	50 Min.	◯ 2 Liter Wasser ◯ 2 Portionen Obst ◯ Entspannung ◯ Motivation
Dienstag			◯ 2 Liter Wasser ◯ 2 Portionen Obst ◯ Entspannung ◯ Motivation
Mittwoch	> 5 Min. Warm-up > 35 Min. Nordic Walking > 5 Min. Kräftigung > 5 Min. Stretching	50 Min.	◯ 2 Liter Wasser ◯ 2 Portionen Obst ◯ Entspannung ◯ Motivation
Donnerstag			◯ 2 Liter Wasser ◯ 2 Portionen Obst ◯ Entspannung ◯ Motivation
Freitag			◯ 2 Liter Wasser ◯ 2 Portionen Obst ◯ Entspannung ◯ Motivation
Samstag	> 5 Min. Warm-up > 35 Min. Nordic Walking > 5 Min. Kräftigung > 5 Min. Stretching	50 Min.	◯ 2 Liter Wasser ◯ 2 Portionen Obst ◯ Entspannung ◯ Motivation
Sonntag	> Spaziergang		◯ 2 Liter Wasser ◯ 2 Portionen Obst ◯ Entspannung ◯ Motivation

Woche 03

Gehen Sie beim Training systematisch vor – Schritt für Schritt.

Montag	> 5 Min. Warm-up > 45 Min. Nordic Walking > 5 Min. Kräftigung > 5 Min. Stretching	60 Min.	◯ 2 Liter Wasser ◯ 2 Portionen Obst ◯ Entspannung ◯ Motivation
Dienstag			◯ 2 Liter Wasser ◯ 2 Portionen Obst ◯ Entspannung ◯ Motivation
Mittwoch	> 5 Min. Warm-up > 45 Min. Nordic Walking > 5 Min. Kräftigung > 5 Min. Stretching	60 Min.	◯ 2 Liter Wasser ◯ 2 Portionen Obst ◯ Entspannung ◯ Motivation
Donnerstag			◯ 2 Liter Wasser ◯ 2 Portionen Obst ◯ Entspannung ◯ Motivation
Freitag			◯ 2 Liter Wasser ◯ 2 Portionen Obst ◯ Entspannung ◯ Motivation
Samstag	> 5 Min. Warm-up > 45 Min. Nordic Walking > 5 Min. Kräftigung > 5 Min. Stretching	60 Min.	◯ 2 Liter Wasser ◯ 2 Portionen Obst ◯ Entspannung ◯ Motivation
Sonntag	> Sauna		◯ 2 Liter Wasser ◯ 2 Portionen Obst ◯ Entspannung ◯ Motivation

Woche 04

Aller guten Dinge sind drei. Dreimal Training pro Woche ist perfekt.

Montag	> 5 Min. Warm-up > 50 Min. Nordic Walking > 10 Min. Kräftigung > 5 Min. Stretching	70 Min.	◯ 2 Liter Wasser ◯ 2 Portionen Obst ◯ Entspannung ◯ Motivation
Dienstag			◯ 2 Liter Wasser ◯ 2 Portionen Obst ◯ Entspannung ◯ Motivation
Mittwoch	> 5 Min. Warm-up > 50 Min. Nordic Walking > 10 Min. Kräftigung > 5 Min. Stretching	70 Min.	◯ 2 Liter Wasser ◯ 2 Portionen Obst ◯ Entspannung ◯ Motivation
Donnerstag			◯ 2 Liter Wasser ◯ 2 Portionen Obst ◯ Entspannung ◯ Motivation
Freitag			◯ 2 Liter Wasser ◯ 2 Portionen Obst ◯ Entspannung ◯ Motivation
Samstag	> 5 Min. Warm-up > 50 Min. Nordic Walking > 10 Min. Kräftigung > 5 Min. Stretching	70 Min.	◯ 2 Liter Wasser ◯ 2 Portionen Obst ◯ Entspannung ◯ Motivation
Sonntag	> Sauna		◯ 2 Liter Wasser ◯ 2 Portionen Obst ◯ Entspannung ◯ Motivation

Woche 05

Kleine Taten sind wichtiger als große Vorsätze.

Montag	> 5 Min. Warm-up > 70 Min. Nordic Walking > 10 Min. Kräftigung > 5 Min. Stretching	90 Min.	◯ 2 Liter Wasser ◯ 2 Portionen Obst ◯ Entspannung ◯ Motivation
Dienstag			◯ 2 Liter Wasser ◯ 2 Portionen Obst ◯ Entspannung ◯ Motivation
Mittwoch	> 5 Min. Warm-up > 70 Min. Nordic Walking > 10 Min. Kräftigung > 5 Min. Stretching	90 Min.	◯ 2 Liter Wasser ◯ 2 Portionen Obst ◯ Entspannung ◯ Motivation
Donnerstag			◯ 2 Liter Wasser ◯ 2 Portionen Obst ◯ Entspannung ◯ Motivation
Freitag			◯ 2 Liter Wasser ◯ 2 Portionen Obst ◯ Entspannung ◯ Motivation
Samstag	> 5 Min. Warm-up > 70 Min. Nordic Walking > 10 Min. Kräftigung > 5 Min. Stretching	90 Min.	◯ 2 Liter Wasser ◯ 2 Portionen Obst ◯ Entspannung ◯ Motivation
Sonntag	> Sauna		◯ 2 Liter Wasser ◯ 2 Portionen Obst ◯ Entspannung ◯ Motivation

Woche 06	Wir wachsen immer an unseren Widerständen!		
Montag	> 5 Min. Warm-up > 60 Min. Nordic Walking > 20 Min. Kräftigung > 5 Min. Stretching	90 Min.	◯ 2 Liter Wasser ◯ 2 Portionen Obst ◯ Entspannung ◯ Motivation
Dienstag			◯ 2 Liter Wasser ◯ 2 Portionen Obst ◯ Entspannung ◯ Motivation
Mittwoch	> 5 Min. Warm-up > 60 Min. Nordic Walking > 20 Min. Kräftigung > 5 Min. Stretching	90 Min.	◯ 2 Liter Wasser ◯ 2 Portionen Obst ◯ Entspannung ◯ Motivation
Donnerstag			◯ 2 Liter Wasser ◯ 2 Portionen Obst ◯ Entspannung ◯ Motivation
Freitag			◯ 2 Liter Wasser ◯ 2 Portionen Obst ◯ Entspannung ◯ Motivation
Samstag	> 5 Min. Warm-up > 60 Min. Nordic Walking > 20 Min. Kräftigung > 5 Min. Stretching	90 Min.	◯ 2 Liter Wasser ◯ 2 Portionen Obst ◯ Entspannung ◯ Motivation
Sonntag	> Spaziergang		◯ 2 Liter Wasser ◯ 2 Portionen Obst ◯ Entspannung ◯ Motivation

Woche 07

Es gibt kein schlechtes Wetter, nur schlechte Kleidung.

Montag	> 5 Min. Warm-up > 60 Min. Nordic Walking > 20 Min. Kräftigung > 5 Min. Stretching	90 Min.	◯ 2 Liter Wasser ◯ 2 Portionen Obst ◯ Entspannung ◯ Motivation
Dienstag			◯ 2 Liter Wasser ◯ 2 Portionen Obst ◯ Entspannung ◯ Motivation
Mittwoch	> 5 Min. Warm-up > 60 Min. Nordic Walking > 20 Min. Kräftigung > 5 Min. Stretching	90 Min.	◯ 2 Liter Wasser ◯ 2 Portionen Obst ◯ Entspannung ◯ Motivation
Donnerstag			◯ 2 Liter Wasser ◯ 2 Portionen Obst ◯ Entspannung ◯ Motivation
Freitag			◯ 2 Liter Wasser ◯ 2 Portionen Obst ◯ Entspannung ◯ Motivation
Samstag	> 5 Min. Warm-up > 60 Min. Nordic Walking > 20 Min. Kräftigung > 5 Min. Stretching	90 Min.	◯ 2 Liter Wasser ◯ 2 Portionen Obst ◯ Entspannung ◯ Motivation
Sonntag	> Sauna		◯ 2 Liter Wasser ◯ 2 Portionen Obst ◯ Entspannung ◯ Motivation

Woche 08	Anti-Aging ist out, Active-Aging ist in.		
Montag	> 5 Min. Warm-up > 70 Min. Nordic Walking > 20 Min. Kräftigung > 5 Min. Stretching	100 Min.	◯ 2 Liter Wasser ◯ 2 Portionen Obst ◯ Entspannung ◯ Motivation
Dienstag			◯ 2 Liter Wasser ◯ 2 Portionen Obst ◯ Entspannung ◯ Motivation
Mittwoch	> 5 Min. Warm-up > 70 Min. Nordic Walking > 20 Min. Kräftigung > 5 Min. Stretching	100 Min.	◯ 2 Liter Wasser ◯ 2 Portionen Obst ◯ Entspannung ◯ Motivation
Donnerstag			◯ 2 Liter Wasser ◯ 2 Portionen Obst ◯ Entspannung ◯ Motivation
Freitag			◯ 2 Liter Wasser ◯ 2 Portionen Obst ◯ Entspannung ◯ Motivation
Samstag	> 5 Min. Warm-up > 70 Min. Nordic Walking > 20 Min. Kräftigung > 5 Min. Stretching	100 Min.	◯ 2 Liter Wasser ◯ 2 Portionen Obst ◯ Entspannung ◯ Motivation
Sonntag	> Spaziergang		◯ 2 Liter Wasser ◯ 2 Portionen Obst ◯ Entspannung ◯ Motivation

Woche 09

Superkompensation – dieses Wort steht für Erfolg.

Tag	Training	Dauer	Checkliste
Montag	> 5 Min. Warm-up > 70 Min. Nordic Walking > 20 Min. Kräftigung > 5 Min. Stretching	100 Min.	○ 2 Liter Wasser ○ 2 Portionen Obst ○ Entspannung ○ Motivation
Dienstag			○ 2 Liter Wasser ○ 2 Portionen Obst ○ Entspannung ○ Motivation
Mittwoch	> 5 Min. Warm-up > 70 Min. Nordic Walking > 20 Min. Kräftigung > 5 Min. Stretching	100 Min.	○ 2 Liter Wasser ○ 2 Portionen Obst ○ Entspannung ○ Motivation
Donnerstag			○ 2 Liter Wasser ○ 2 Portionen Obst ○ Entspannung ○ Motivation
Freitag			○ 2 Liter Wasser ○ 2 Portionen Obst ○ Entspannung ○ Motivation
Samstag	> 5 Min. Warm-up > 70 Min. Nordic Walking > 20 Min. Kräftigung > 5 Min. Stretching	100 Min.	○ 2 Liter Wasser ○ 2 Portionen Obst ○ Entspannung ○ Motivation
Sonntag	> Sauna		○ 2 Liter Wasser ○ 2 Portionen Obst ○ Entspannung ○ Motivation

Woche 10

Wer sich keine Zeit nimmt, wird nie welche haben.

Montag	> 5 Min. Warm-up > 70 Min. Nordic Walking > 20 Min. Kräftigung > 5 Min. Stretching	100 Min.	◯ 2 Liter Wasser ◯ 2 Portionen Obst ◯ Entspannung ◯ Motivation
Dienstag			◯ 2 Liter Wasser ◯ 2 Portionen Obst ◯ Entspannung ◯ Motivation
Mittwoch	> 5 Min. Warm-up > 70 Min. Nordic Walking > 20 Min. Kräftigung > 5 Min. Stretching	100 Min.	◯ 2 Liter Wasser ◯ 2 Portionen Obst ◯ Entspannung ◯ Motivation
Donnerstag			◯ 2 Liter Wasser ◯ 2 Portionen Obst ◯ Entspannung ◯ Motivation
Freitag			◯ 2 Liter Wasser ◯ 2 Portionen Obst ◯ Entspannung ◯ Motivation
Samstag	> 5 Min. Warm-up > 70 Min. Nordic Walking > 20 Min. Kräftigung > 5 Min. Stretching	100 Min.	◯ 2 Liter Wasser ◯ 2 Portionen Obst ◯ Entspannung ◯ Motivation
Sonntag	> Spaziergang		◯ 2 Liter Wasser ◯ 2 Portionen Obst ◯ Entspannung ◯ Motivation

Woche 11 – Erfolg kommt von er-folgen.

Montag	> 5 Min. Warm-up > 70 Min. Nordic Walking > 20 Min. Kräftigung > 5 Min. Stretching	100 Min.	◯ 2 Liter Wasser ◯ 2 Portionen Obst ◯ Entspannung ◯ Motivation
Dienstag			◯ 2 Liter Wasser ◯ 2 Portionen Obst ◯ Entspannung ◯ Motivation
Mittwoch	> 5 Min. Warm-up > 70 Min. Nordic Walking > 20 Min. Kräftigung > 5 Min. Stretching	100 Min.	◯ 2 Liter Wasser ◯ 2 Portionen Obst ◯ Entspannung ◯ Motivation
Donnerstag			◯ 2 Liter Wasser ◯ 2 Portionen Obst ◯ Entspannung ◯ Motivation
Freitag			◯ 2 Liter Wasser ◯ 2 Portionen Obst ◯ Entspannung ◯ Motivation
Samstag	> 5 Min. Warm-up > 70 Min. Nordic Walking > 20 Min. Kräftigung > 5 Min. Stretching	100 Min.	◯ 2 Liter Wasser ◯ 2 Portionen Obst ◯ Entspannung ◯ Motivation
Sonntag	> Sauna		◯ 2 Liter Wasser ◯ 2 Portionen Obst ◯ Entspannung ◯ Motivation

Woche 12 – Wer walkt, tritt ganz anders auf.

Montag	> 5 Min. Warm-up > 70 Min. Nordic Walking > 20 Min. Kräftigung > 5 Min. Stretching	100 Min.	◯ 2 Liter Wasser ◯ 2 Portionen Obst ◯ Entspannung ◯ Motivation
Dienstag			◯ 2 Liter Wasser ◯ 2 Portionen Obst ◯ Entspannung ◯ Motivation
Mittwoch	> 5 Min. Warm-up > 70 Min. Nordic Walking > 20 Min. Kräftigung > 5 Min. Stretching	100 Min.	◯ 2 Liter Wasser ◯ 2 Portionen Obst ◯ Entspannung ◯ Motivation
Donnerstag			◯ 2 Liter Wasser ◯ 2 Portionen Obst ◯ Entspannung ◯ Motivation
Freitag			◯ 2 Liter Wasser ◯ 2 Portionen Obst ◯ Entspannung ◯ Motivation
Samstag	> 5 Min. Warm-up > 70 Min. Nordic Walking > 20 Min. Kräftigung > 5 Min. Stretching	100 Min.	◯ 2 Liter Wasser ◯ 2 Portionen Obst ◯ Entspannung ◯ Motivation
Sonntag	> Spaziergang		◯ 2 Liter Wasser ◯ 2 Portionen Obst ◯ Entspannung ◯ Motivation

Woche 13

Hier können Sie Ihr Training dokumentieren. Bitte die Symbole (s. unten) in die Minutenspalten eintragen.

>	10	20	30	35	40	45	50	55	60	65	70	75	80	85	90	95	100	105
MO	W	N	N	N	N	N	N	N	N	K	K	S						
DI																		
MI																		
DO																		
FR																		
SA																		
SO																		

Ruhepuls		Gewicht				
Subjektives Belastungsempfinden		1	2	3	4	5

Woche 14

>	10	20	30	35	40	45	50	55	60	65	70	75	80	85	90	95	100	105
MO																		
DI																		
MI																		
DO																		
FR																		
SA																		
SO																		

Ruhepuls		Gewicht				
Subjektives Belastungsempfinden		1	2	3	4	5

W = Warm-up N = Nordic Walking K = Kräftigung S = Stretching

Woche 15

>	10	20	30	35	40	45	50	55	60	65	70	75	80	85	90	95	100	105
MO																		
DI																		
MI																		
DO																		
FR																		
SA																		
SO																		
	Ruhepuls											Gewicht						
	Subjektives Belastungsempfinden										1		2	3		4		5

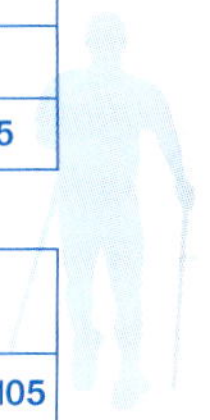

Woche 16

>	10	20	30	35	40	45	50	55	60	65	70	75	80	85	90	95	100	105
MO																		
DI																		
MI																		
DO																		
FR																		
SA																		
SO																		
	Ruhepuls											Gewicht						
	Subjektives Belastungsempfinden										1		2	3		4		5

Woche 17

Hier können Sie Ihr Training dokumentieren. Bitte die Symbole (s. unten) in die Minutenspalten eintragen.

>	10	20	30	35	40	45	50	55	60	65	70	75	80	85	90	95	100	105
MO																		
DI																		
MI																		
DO																		
FR																		
SA																		
SO																		

Ruhepuls		Gewicht				
Subjektives Belastungsempfinden	1	2	3	4	5	

Woche 18

>	10	20	30	35	40	45	50	55	60	65	70	75	80	85	90	95	100	105
MO																		
DI																		
MI																		
DO																		
FR																		
SA																		
SO																		

Ruhepuls		Gewicht				
Subjektives Belastungsempfinden	1	2	3	4	5	

W = Warm-up N = Nordic Walking K = Kräftigung S = Stretching

Woche 19

>	10	20	30	35	40	45	50	55	60	65	70	75	80	85	90	95	100	105
MO																		
DI																		
MI																		
DO																		
FR																		
SA																		
SO																		
	Ruhepuls										Gewicht							
	Subjektives Belastungsempfinden										1		2	3		4		5

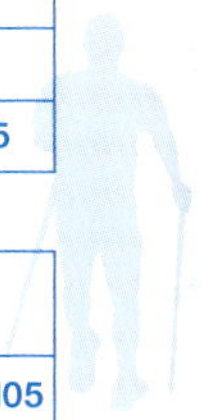

Woche 20

>	10	20	30	35	40	45	50	55	60	65	70	75	80	85	90	95	100	105
MO																		
DI																		
MI																		
DO																		
FR																		
SA																		
SO																		
	Ruhepuls										Gewicht							
	Subjektives Belastungsempfinden										1		2	3		4		5

Für die Wochen 21 bis 28 das Trainingstagebuch entsprechend fortführen.

05. Die Ernährung

Gute Resultate sind mit schlechten Ernährungsgewohnheiten kaum möglich. Nur wenn wir uns richtig ernähren – also maßvoll, vielfältig, möglichst pflanzlich, naturbelassen und ausgewogen –, bekommt unser Körper die notwendigen Nährstoffe und mithin jene Energie, die nötig ist, um zu Bestform auflaufen zu können.

Vernünftig und bewusst essen und trinken

»Lass dein Essen deine Medizin sein und die Medizin deine Nahrung!« Dieser Lehrsatz des alten Griechen Hippokrates ist rund 2400 Jahre alt – und so aktuell wie nie. Gesundheit und Ernährung hängen ganz eng zusammen. Leider essen heute viele falsch – und falsche Ernährung ist gefährlich: Sie raubt unserem Körper Energie und schwächt unnötig den Stoffwechsel. Durch vernünftige und bewusste Ernährung kann jeder aktiv zu seinem Wohlgefühl und besserer Leistungsfähigkeit beitragen. Beides, Training und richtige Ernährung, gehört zusammen – sonst läuft es im Leben nicht optimal.

Vernünftige, also gesunde und ausgewogene Ernährung, heißt:

ausreichend Eiweiß, reichlich Kohlenhydrate, wenig Fett, viel Obst, Gemüse und Kräuter, weil die lebenswichtige Vitamine, Spurenelemente, Mineral- und Ballaststoffe enthalten. Damit kommt dem, was wir täglich auf unseren Teller legen, eine immense Bedeutung zu. Das sollten wir allerdings nicht als Belastung, sondern als Chance sehen. Denn es ist gar nicht so schwer, sich vernünftig zu ernähren. Essen Sie nur, was Sie gerne essen. Zwingen Sie sich zu nichts, nur weil es schlank macht. Was Sie mit Widerwillen essen, bringt nichts. Genießen Sie, was Sie essen. Gönnen Sie sich, was Sie wollen – aber in Maßen und ganz bewusst.

> Das wahre Leben besteht aus winzigen Veränderungen.
>
> *Leo Tolstoi*

Was Leistung liefert

Grundsätzlich erfüllt jeder Bestandteil der Nahrung eine lebenswichtige Aufgabe:

> Kohlenhydrate bringen schnelle Energie für Muskeln und Gehirn und sind in Zucker oder Stärke enthalten. Ein Gramm Kohlenhydrate liefert vier Kilokalorien.

> Eiweiß (Protein) ist der Baustein des Körpers. Ob Muskel- oder andere Gewebezellen bzw. Enzyme, sie alle werden aus Proteinbestandteilen, den Aminosäuren, gebaut. Ein Gramm Eiweiß liefert vier Kilokalorien.

> Fett versorgt den Körper mit kompakter Energie. Überschüssiges Fett landet in den Depots, den Fettzellen. Fett ist auch ein Geschmacksträger. Ein Gramm Fett liefert neun Kilokalorien.

> Vitamine, Mineralstoffe und Spurenelemente sind für die Steuerung des komplizierten Stoffwechsels unverzichtbar.

> Wasser transportiert alle Nährstoffe innerhalb des Körpers und reguliert außerdem die Betriebstemperatur.

Es ist nicht nur wichtig, was wir essen, es ist auch wichtig, wann wir essen. Wenn wir kein Leistungstief erleben wollen, müssen wir unseren Körper über den Tag hinweg mit Energie versorgen. Neben den drei Hauptmahlzeiten (Frühstück, Mittag- und Abendessen) können zwei kleine Zwischenmahlzeiten empfehlenswert sein. Nur so bleibt der Blutzuckerspiegel konstant, nur so sinkt die Leistung nicht ab. Eine über den Tag verteilte Nährstoffzufuhr sorgt auch für bessere Aufnahme von Vitaminen und Mineralstoffen. Große Einzelmahlzeiten können die Ablagerung der Energie in die Fettdepots fördern.

Eine gesunde Kost sollte sich so zusammensetzen:

- 55 bis 60 Prozent Kohlenhydrate (Müsli, Vollkornbrot, Getreide, Nudeln, Reis, Kartoffeln, Mais, Möhren, Bohnen, Pilze, Orangen, Grapefruits, Kiwis, Äpfel, Aprikosen, Pflaumen, Erdbeeren, Kirschen, Weintrauben, Schwarzwurzeln, Honigmelonen)
- 10 bis 15 Prozent Eiweiß (Milch, Joghurt, Hüttenkäse, Magerquark, Eier, Forelle, Pute, Hähnchen, Lamm, Beefsteak, Tofu)
- 25 bis 30 Prozent Fett (Speiseöl, Margarine, Butter, Sahne, Weichkäse, Harzer Käse, Lachs, Nüsse, Hering, Makrele, Pistazien, Avocado, Salami, Mettwurst, Schinken, Leberwurst)

Das Verhältnis zwischen Zufuhr und Bedarf

Wir essen, um dem Körper das nötige Material für die ständige Erneuerung seiner Zellen und Brennstoff zu liefern. Nahrung ist

Körperintelligenz

Durch regelmäßiges Nordic Walking gewinnen Sie das Gefühl für den eigenen Körper zurück. Als so genannte somatische Intelligenz wird die innere Weisheit des Körpers bezeichnet. Vertrauen Sie Ihrem Körper, er meldet und verlangt, was er wirklich braucht – wenn wir diesen Instinkt nicht mit Gelüsten verwechseln, die eher im Kopf entstehen.

vor allem Brennmaterial, um die Millionen kleiner Motoren, unsere Muskelzellen (Mitochondrien), anzufeuern. Die liefern uns Energie, damit der Körper seinen komplizierten 24-Stunden-Arbeitstag leisten kann.

Die Balance zwischen Energiezufuhr und Energiebedarf muss stimmen. Statistisch betrachtet ergibt sich in unserer Wohlstandsgesellschaft ein täglicher Energieüberschuss von 10 bis 20 Prozent. Wir essen also mehr, als nötig wäre.

Die positive Energiebilanz

Übergewicht entsteht, wenn die Energiezufuhr durch Nahrungsaufnahme größer ist als der allgemeine Energieverbrauch des Körpers (»positive Energiebilanz«). Werden Fette und Kohlenhydrate bei einer Mahlzeit in übermäßiger Menge aufgenommen, können die Fette nicht ausreichend abgebaut werden, sodass es zur Einlagerung von Fett in die Fettzellen kommt. Beim Erwachsenen steigt also mit dem Grad der Fettleibigkeit der Gehalt und damit auch die Größe der Fettzellen an. Gleichzeitig nehmen Anzahl und Empfindlichkeit der so genannten Insulinrezeptoren (»Insulinempfänger«) im Fettgewebe ab. Die Ansprechbarkeit der Fettzellen auf das Hormon Insulin sinkt, und sie können den durch Nahrungsaufnahme ansteigenden Blutzucker (Glukose) nicht mehr ausreichend verwerten. Das Hungergefühl wächst.

Abnehmen kann einem keiner abnehmen.

Ulrich Pramann

Alles ist in Ordnung, wenn wir nur so viel essen, wie wir verbrauchen. Dann schwillt die Zelle an und schrumpft wieder. Wer mehr futtert, als er verbraucht, setzt einen verhängnisvollen Kreislauf in Gang: Die Fettzellen vergrößern sich allmählich. Wenn der Fettgehalt des Körpers rund 30 Kilo beträgt, beginnt der Organismus, neue Zellen zu produzieren – um den Über-Überschuss speichern zu können.

Die Bewegungsdiät

Diäten sind Unsinn und funktionieren so gut wie nie. Es gibt nur eine Diät, die wirklich funktioniert: die Bewegungsdiät. Und die beste, die effektivste Form der Bewegung – das ist nunmal Nordic Walking. Regelmäßiges Nordic-Walking-Training ist ideal, wenn Sie abnehmen und auf Dauer schlank bleiben wollen. Pro Stunde werden rund 400 Kilokalorien verbrannt.

Studien haben ergeben, dass ein zusätzlicher Energieverbrauch von mindestens 1500 kcal/Woche notwendig ist, um das Körpergewicht messbar zu reduzieren. Das bedeutet etwa drei bis fünf Stunden zusätzliche Bewegung – z. B. durch Nordic Walking.

Der Afterburn-Effekt

Bewegung erzeugt einen Schlüsselreiz, die Fettverbrennung kommt neu auf Touren. Sie verbrennen Fett, während Sie trainieren. Und das Beste ist: Ein durch Nordic Walking trainierter Körper verbrennt auch im Ruhezustand mehr Energie. Sie verbrennen auch Fett, während Sie am Schreibtisch sitzen oder schlafen. Durch den so genannten Afterburn-Effekt.

Afterburn heißt: Nachbrennung. Und bedeutet: Je nach Art und Dauer der Belastung ist hinterher der Energieverbrauch noch deutlich gesteigert – bis zu 15 Stunden lang. Sie verbrennen also nicht nur während des Trainings Kalorien, sondern auch noch in der Regenerationsphase. Wie das möglich ist?

- Die Glykogenspeicher werden wieder aufgefüllt.
- Das Blut wird mit mehr Sauerstoff angereichert.
- Die Stoffwechselschlacken (Laktate), die durch die Bewegung entstanden sind, müssen abgebaut werden.
- Die Wärmeabgabe des Körpers (Thermogenese) wird weiterhin angekurbelt.

Führen Sie ein Ernährungsprotokoll

Kein Nahrungsmittel allein macht fett, weder Sahne noch Schokolade noch Saucen. Fett werden wir nur, wenn wir mehr Kalorien futtern, als wir verbrauchen. Übergewicht kommt auch nicht nur von zu großen Portionen – es ist fast immer das Resultat falscher Ernährung. Notieren Sie zwei Wochen lang alles, was Sie essen und trinken. Beschreiben Sie

> die Art der Lebensmittel,
> die verzehrte Menge (z. B. 1 Stück, 1 Scheibe, 1 Esslöffel, 2 Tassen),
> den Zeitpunkt (z. B. Frühstück, Zwischensnack, Mittag, Nachmittagssnack, Abendessen),
> den Anlass (»Langeweile«) und Ihre Stimmung (»Hektik«)

ganz genau. So lernen Sie Vorlieben und Schwächen kennen und beginnen automatisch, bewusster zu essen. Sie erfahren auch, wann Sie zu unkontrolliertem Essen (»Fressattacken«) neigen, sich mit Süßigkeiten trösten.

Wie kann ich unkontrolliertes Essen zügeln?

> Essen Sie ganz bewusst, nicht mehr nebenbei (z. B. beim Zeitunglesen, beim Fernsehen).
> Essen Sie möglichst langsam. Denn der Magen meldet sein Sättigungsgefühl erst nach gut einer Viertelstunde.
> Kauen Sie gut. Die Verdauung beginnt schon im Mund. Also möglichst jeden Bissen rund 20-mal kauen. Sie werden so auch schneller satt.
> Vermeiden Sie schnelles Essen im Stehen.
> Aufessen muss nicht sein. Wenn Sie satt sind, lassen Sie etwas auf dem Teller, auch wenn das früher anders war.
> Wiegen Sie sich regelmäßig – aber nur einmal pro Woche, immer auf derselben Waage.

Lassen Sie sich's schmecken

Von wegen nur Grünkohl, Sojabohnen oder Kresse – Nordic Walker brauchen alles andere als starre Speisepläne. Sportgerechte Ernährung sollte nie dogmatisch und voller Vorschriften sein. Unsinn, wenn Sie alles, was Sie essen, nur auf den Gehalt an Ballaststoffen, Kohlenhydraten und optimale Nährstoffdichte abklopfen und dann lustlos mampfen.

Kleine Sünden dürfen, nein, müssen manchmal sein. Essen und Trinken ist mehr als nur banale Brennstoffzufuhr – es bedeutet Lebensqualität. Ernähren Sie sich individuell und abwechslungsreich. Die Lust beim Essen ist wichtig. Wer mit Genuss isst, fördert sein Wohlbefinden. Langfristig kann sportgerechte Ernährung nur durchgehalten werden, wenn sie schmeckt.

Der Mensch wird das, was er aus sich macht.

Jean-Paul Sartre

Immer reichlich trinken

Besonders wenn der Organismus Fett verbrennt, fallen reichlich saure Stoffwechselprodukte an. Die Nieren arbeiten auf Hochtouren. Deshalb immer reichlich trinken: mindestens aber zwei Liter (kalorienarme) Flüssigkeit. Am besten Wasser, Mineralwasser, stark verdünnte Obstsäfte (Apfelschorle), Gemüsesäfte, Trinkmolke, Kräutertee, Früchtetee oder grünen Tee. Kaffee zählt nicht, denn Koffein ist harntreibend, in Ihrer Bilanz fehlt Flüssigkeit. Wer auf Kaffee nicht verzichten mag, sollte zu jeder Tasse mindestens ein Glas Wasser zusätzlich trinken.

Bieten Sie dem Körper einen Entschlackungstag

Gönnen Sie Ihrem Körper einmal pro Woche eine Entlastung. Treten Sie beim Essen kürzer. Nehmen Sie nur leicht verdauliche Nahrung zu sich, die den Organismus entlastet. Verzichten Sie mal ganz auf Kaffee, Alkohol, Süßigkeiten. Geben Sie Ihrem Stoffwechsel einen Urlaubstag. Am besten am Wochenende.

Effekt der Blitzkur: Weil vermehrt Wasser ausgeschieden wird, werden auch Schlacken und Giftstoffe aus dem Körper gespült, die sich im Gewebe, den Zellen und Gelenken angesammelt haben. Ihre Nieren werden jubeln, Ihre Haut wird glatter, die Haare glänzender.

Einmal pro Monat einen Safttag einlegen

Warum nicht einmal nur von Säften leben? Trinken Sie einen Liter Obst- und Gemüsesaft, über den Tag verteilt auf fünf Portionen. Besonders wertvoll, wegen seiner Antioxidanzien: Tomatensaft. Trinken Sie in kleinen Schlucken. Sie sollten dazu noch mindestens eineinhalb Liter Wasser trinken.

Clever würzen

Gewürze verbessern nicht nur Aroma und Geschmack, viele fördern auch die Gesundheit. Besonders Basilikum, Bohnenkraut, Currypulver, Gelbwurz, Gewürznelken, Grüne Minze, Ingwer, Knoblauch, Lorbeerblatt, Majoran, Oregano, Rosmarin, Salbei, Thymian. Es ist der Gehalt an sekundären Pflanzenstoffen, der Kräuter und Gewürze zu altbewährten Naturarzneien macht. Diese Biostoffe regen die Verdauung an, wirken teilweise antibakteriell und sind gute Radikalefänger, die zur Prävention von Herz-Kreislauf-Krankheiten und Krebs beitragen. Gewürze helfen bei der Bildung von Speichel und Magensaft. Das wiederum beeinflusst die Verdauung günstig.

Es gibt tausend Krankheiten, aber nur eine Gesundheit.

Ludwig Börme

Essen für die gute Laune

Hunger schlägt immer auf die Stimmung. Denn das Gehirn benötigt Energie. Damit es bestens funktionieren und Wohlbefinden erzeugen kann, braucht es nämlich jene biochemischen Bausteine, aus denen der Stoffwechsel so genannte Neuro-

Die 7 Regeln für gesundes Gewichtsmanagement

1. Ich verteile meine tägliche Nahrung auf mehrere Mahlzeiten und achte auf Abwechslung und gute Qualität.
2. Ich vermindere die tägliche Fettzufuhr und meide sichtbare Fette. Süßes esse ich – wenn überhaupt – nur zu den Mahlzeiten – und nicht zwischendurch.
3. Ich trinke täglich mindestens zwei Liter Flüssigkeit.
4. Ich überlege mir vor jeder Mahlzeit genau, was und wie viel ich essen möchte, und esse bewusst langsam.
5. Ich kaufe nur mit Einkaufsliste ein und achte darauf, dass ich beim Einkaufen nicht hungrig bin. In allen Lebensbereichen schaffe ich mir »essfreie« Räume.
6. Ich bereite meine Speisen nährstoffschonend und appetitlich zu. Ich unterstütze ihren Eigengeschmack mit Kräutern und Gewürzen.
7. Zu Hause räume ich den Tisch gleich nach dem Essen ab. In Restaurants/Kantinen lasse ich bewusst einen Rest auf dem Teller. Vor und nach Einladungen spare ich Kalorien ein.

transmitter herstellt. Das sind Botenstoffe. Vor allem Serotonin und Noradrenalin sind für unseren Gefühlshaushalt entscheidend. Um sie aufbauen zu können, benötigt der Körper bestimmte essenzielle Aminosäuren. Die kann der Körper selbst nicht herstellen, sie müssen mit der Nahrung aufgenommen werden. Gute Lieferanten sind Obst (Bananen, Feigen, Ananas), Vollkorn, Nüsse, Hülsenfrüchte und Kartoffeln. Sogar Kakao (also auch Schokolade) enthält große Mengen von Tryptophan, eine Aminosäure zur Bildung des Stimmungsmachers Serotonin.

Nützliche Web-Adressen

www.nordic-fitness-magazin.com

Gut aufbereitete Informationen aus der Welt der Nordic Fitness, präsentiert vom *Nordic Fitness Magazin* (»Aktiv, gesund & besser leben«)

www.nordic-fitness-seminare.de

Kontakt zu den Autoren Ulrich Pramann und Bernd Schäufle

www.nordicwalkingverband.de

Hier werden ausführlich die Ausbildungsinhalte für Trainer erklärt, verlinkt mit den deutschen Nordic Walking Parks

www.walkingportal.de

Gute Einsteigerseite, um mehr über Technik, Geschichte und Wirkung des Nordic Walking zu erfahren

www.nordic-walking-online.de

Nordic Fitness Parks in Europa

www.walkingonline.de

Die Seite bietet eine Liste über Treffs in ganz Deutschland. Ist zwar nicht vollständig, sie wird aber ständig ergänzt und bietet einen guten Überblick

www.gesundheitspilot.de

Ansprechendes Portal rund um Gesundheitsthemen

www.dge.de

Informatives von der *Deutschen Gesellschaft für Ernährung*

www.odlo.com

Seiten eines führenden Herstellers von funktioneller Nordic-Walking-Bekleidung

www.sigmasport.de

Seiten eines führenden Herstellers von Herzfrequenzmessern

Über die Autoren

Ulrich Pramann beschäftigt sich seit 25 Jahren mit den Themen Sport, Gesundheit, Fitness und Karriere. Er ist Absolvent der Deutschen Journalistenschule, war Redakteur (»Stern«), Reporter (»Welt am Sonntag«, »Playboy«), Moderator (DSF), Chefredakteur und Herausgeber von »Fit for Fun«. Er hält Vorträge zu den Themen Fitness und Gesundheit und bietet zusammen mit Bernd Schäufle Seminare an.

Bernd Schäufle, Nordic-Walking-Ausbilderz der Nordic Walking Union Deutschland (NWU) hat bereits über 1500 Trainer ausgebildet und ist Geschäftsführer der ecfit GmbH in Monsheim. Er entwickelte die Gewichtsreduktionskonzepte »Nie wieder Diät« und »Nordic Fitness – leichter leben« und ist Kooperationspartner der Sportunion Österreich bei der landesweiten Aktion »Sport zum Einsteigen – leichter leben«. Bernd Schäufle ist auch als Referent bei Gesundheits- und Fitnessseminaren (BASF, SAP) erfolgreich.

Hinweis

Das vorliegende Buch ist sorgfältig erarbeitet worden. Dennoch erfolgen alle Angaben ohne Gewähr. Weder Autoren noch Verlag können für eventuelle Nachteile oder Schäden, die aus den im Buch gegebenen praktischen Hinweisen resultieren, eine Haftung übernehmen.

Bildnachweis

Alle Bilder stammen aus dem Archiv des Südwest Verlags, München (Fotograf: Gerhard Heidorn), mit Ausnahme von:
Ulrich Pramann, Aitrang: 4;
Odlo, Stephan Boegli: 25, 60;
Gerhard Heidorn, Oy Mittelberg: 47;
d.signer, Evi Schoettl: 78;
Exel/Mikko Harma: 91

Impressum

© 2005 by Südwest Verlag, einem Unternehmen der Verlagsgruppe Random House GmbH, 81673 München.
Alle Rechte vorbehalten. Nachdruck – auch auszugsweise – nur mit Genehmigung des Verlags.

Projektleitung Susanne Kirstein
Redaktion Ulrich Pramann
Bildredaktion Sabine Kestler
Produktion, Grafik
d.signer | büro für gestaltung,
Evi Schoettl, Aitrang
Reproduktion Artilitho, Trento
Druck und Bindung Uhl, Radolfzell
Printed in Germany

ISBN-10: 3-517-06862-4
ISBN-13: 978-3-517-06862-6
817 2635 44

Register

Wenn Ihnen Nordic Walking noch mehr Gewinn bringen soll: Bernd Schäufle & Ulrich Pramann bieten Seminare an

Mehr Energie, mehr Fitness, mehr Lebensfreude, weniger Gewicht. Nordic-Walking-Ausbilder Bernd Schäufle und Fitness-Experte Ulrich Pramann zeigen den richtigen Weg zu einem gesunden und besseren Leben. Effektives Training mit Spaß, Motivation, bewusste Ernährung, Gewichtsmanagement – leichter leben.

Fitness – das bessere Lebensgefühl

> Wie Sie mehr Lebensenergie und Vitalität gewinnen

Trainingsmanagement – der Weg zum Erfolg

> Wie Sie systematisch, und erfolgreich und mit Spaß trainieren

Motivation – die Kraft aus dem Kopf

> Wie Sie sich persönliche Ziele setzen, den »inneren Schweinehund« überwinden und erreichen, was Sie wollen

Die Inhalte können wir ganz unterschiedlich präsentieren:

Als Intensiv-Seminar (Dauer: 2 1/2 Tage)
Als Tagesseminar (Dauer: von 9 bis 17.30 Uhr)
Als Impuls-Vortrag (Dauer: 60 Minuten oder 90 Minuten)

Mehr Informationen finden Sie unter
www.nordic-fitness-seminare.de oder **Tel. 062 41 / 95 44 28**